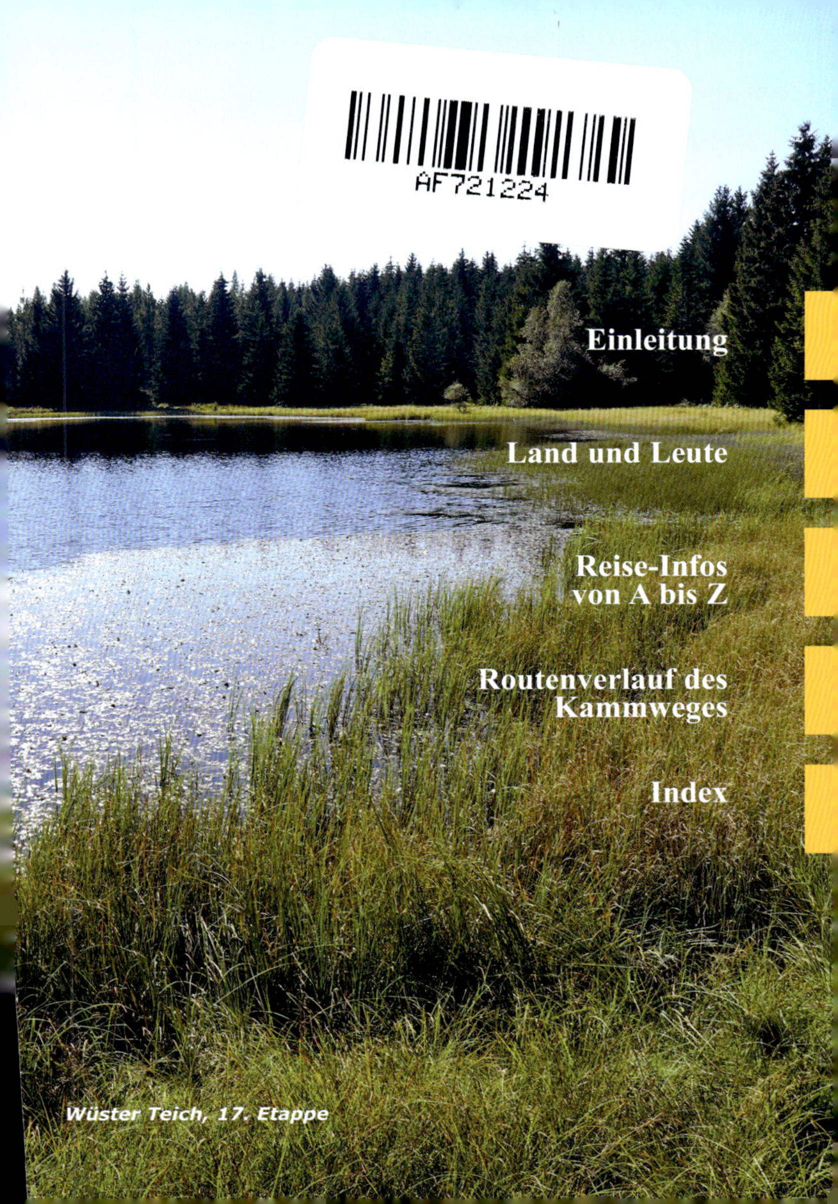

Wüster Teich, 17. Etappe

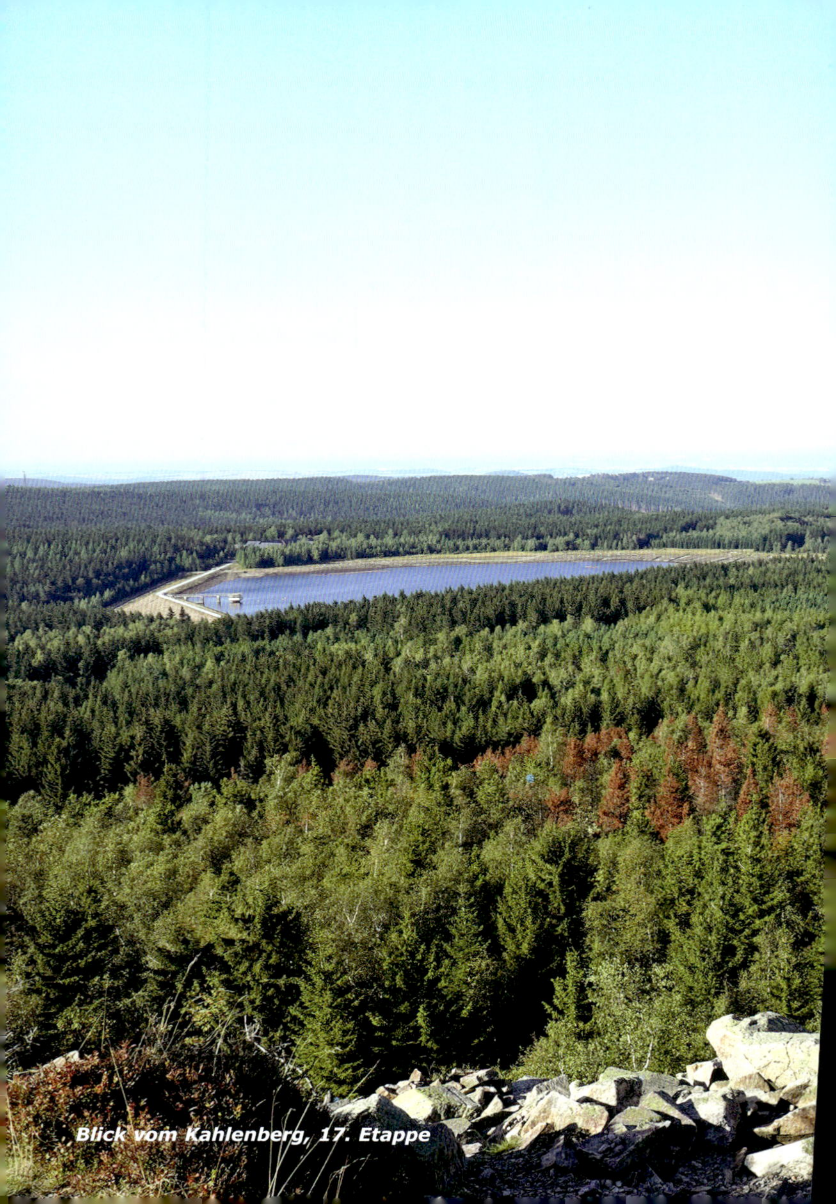
Blick vom Kahlenberg, 17. Etappe

Band 468

OutdoorHandbuch

Stefan Markschies

Kammweg Erzgebirge-Vogtland

von Blankenstein nach Geising

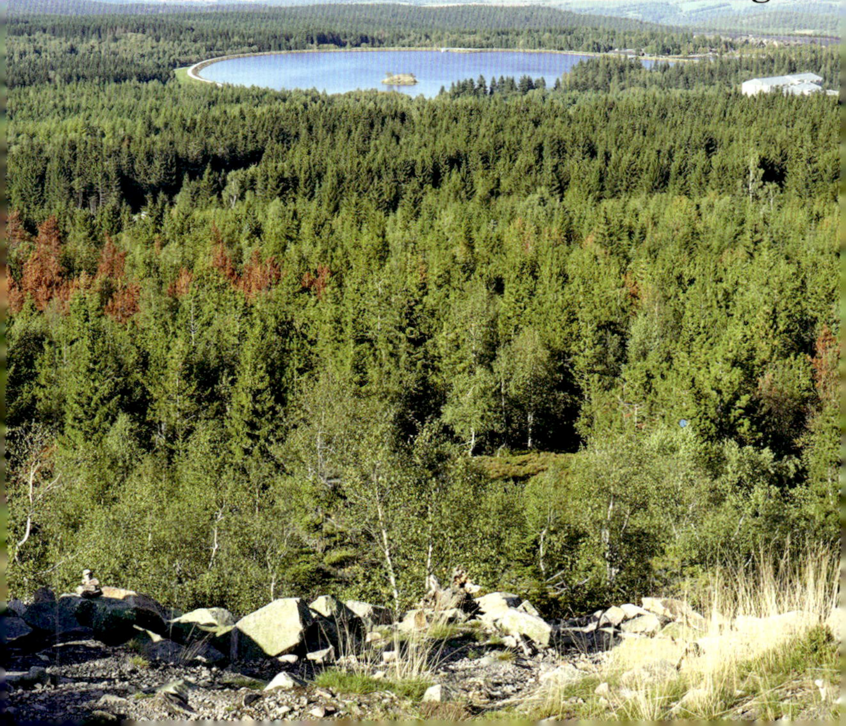

Kammweg Erzgebirge-Vogtland

Der Autor und der Verlag sind für Lesertipps und Verbesserungen (besonders per E-Mail) unter Angabe der Auflagen- und Seitennummer dankbar.

Dieses OutdoorHandbuch hat 128 Seiten mit 46 farbigen Abbildungen sowie 22 farbigen Kartenskizzen im Maßstab 1:100.000, 22 farbigen Höhenprofilen und einer farbigen, ausklappbaren Übersichtskarte. Es wurde auf chlorfrei gebleichtem, FSC®-zertifiziertem Papier gedruckt, in Deutschland klimaneutral hergestellt und transportiert und wegen der größeren Strapazierfähigkeit mit PUR-Kleber gebunden.

FSC
www.fsc.org
MIX
Papier aus verantwortungsvollen Quellen
FSC® C009051

Klimaneutral
Druckprodukt
ClimatePartner.com/10951-2102-1004

Dieses Buch ist im Buchhandel und in Outdoor-Läden erhältlich und kann im Internet oder direkt beim Verlag bestellt werden.

von Blankenstein nach Geising 5

OutdoorHandbuch aus der Reihe „Der Weg ist das Ziel", Band 468

ISBN 978-3-86686-675-1 1. Auflage 2021

Text und Fotos: Stefan Markschies
Karten: Manuela Dastig
Lektorat: Anna-Lena Ebner
Layout: Alexandra Sauerland

Gesamtherstellung: gutenberg beuys feindruckerei

Dieses OutdoorHandbuch wurde konzipiert und redaktionell erstellt vom:

Conrad Stein Verlag GmbH, Kiefernstr. 6, 59514 Welver,
☎ 023 84/96 39 12,
info@conrad-stein-verlag.de,
www.conrad-stein-verlag.de

Besuchen Sie uns bei Facebook & Instagram:

www.facebook.com/outdoorverlag

www.instagram.com/outdoorverlag

Titelfoto: Blick auf Neuhausen, 15. Etappe

Inhalt

Vorwort und Dank

Wer gerne in Abgeschiedenheit von Lärm und Hektik wandert, ist auf dem Kammweg genau richtig: Der überwiegende Teil der Strecke verläuft durch Naturparks, in denen sich seltene Tiere und Pflanzen entdecken lassen. Auch geologisch und historisch ist einiges in Erfahrung zu bringen, da die Region seit jeher vom Bergbau und der Holzverarbeitung geprägt ist. Dabei streift der Weg malerische kleine Städtchen wie Schöneck oder Seiffen, die zum Verweilen einladen.

Mein besonderer Dank gilt den Tourismusverbänden des Erzgebirges und Vogtlandes e. V., die mich vorab mit Informationen unterstützt haben, sowie Ilona Laupert und Georg v. Ehren, die Teile des Weges mitgelaufen sind.

Einleitung

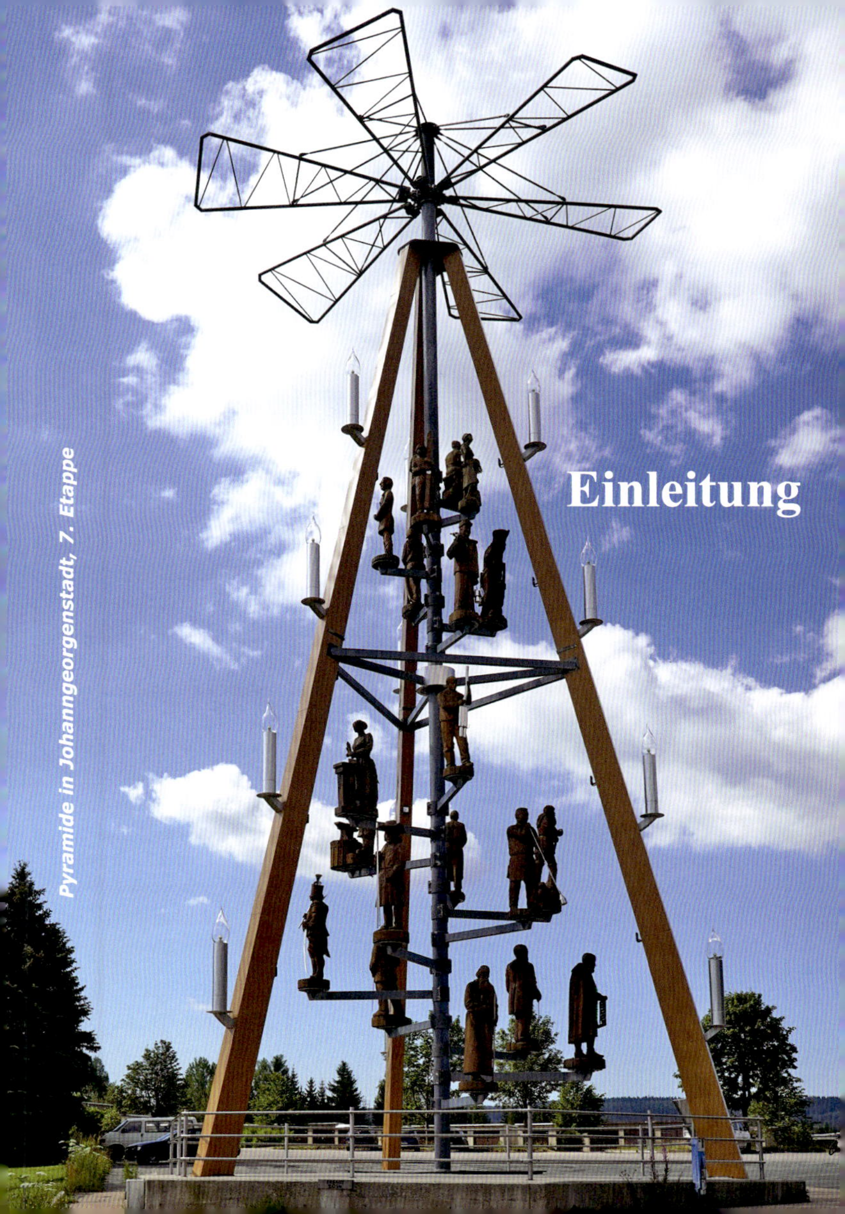

Pyramide in Johanngeorgenstadt, 7. Etappe

Der Kammweg

Der ursprüngliche Kammweg war einer der ersten Weitwanderwege Europas und wurde schon 1904 eröffnet. Damals führte er 800 km vom Hainberg bei Asch im Elstergebirge (tschechisch Háj u Aše) durch das Erzgebirge, über die Elbe ins Riesen- und Altvatergebirge nach Altvater (Praděd) an der Grenze zu Mähren. Er verband die touristischen Sehenswürdigkeiten Nordböhmens. Höchster Punkt des Weges war die Schneekoppe mit 1.602 m. Als Wegmarkierung wählte man einen liegenden blauen Kamm auf weißem Grund. Leider geriet der Weg nach dem Zweiten Weltkrieg n Vergessenheit.

Am 13. Mai 2011 feierlich eröffnet nutzt der heutige Kammweg zwar die gleiche Kennzeichnung, verläuft aber ausschließlich auf der thüringischen und sächsischen Seite des Vogtlandes und des Erzgebirges. Ausgangspunkt ist das Wanderdrehkreuz in Blankenstein, wo neben anderen Weitwanderwegen der Rennsteig endet. Von hier führt Sie der Weg zunächst an der ehemals deutsch-deutschen Grenze entlang zum Grenzmuseum von Mödlareuth, wo Sie sich über die früheren Grenzanlagen informieren können. Weiter wandern Sie zum Dreiländereck zwischen Thüringen, Sachsen und Bayern und zur tschechischen Grenze. Die Trasse verläuft ohne nennenswerte Steigungen durch ein hügeliges Land. Felder, Wiesen und Wald wechseln sich ab. Da die Unterkünfte in diesem Abschnitt rar sind, sollten Sie diese vorab gebucht haben. Von Adorf nach Schöneck ist der erste größere Aufstieg zu bewältigen.

Der Weg wird nun waldreicher und verläuft stets oberhalb von 700 Höhenmetern. Das ist der Grund, warum auch die Kammfernloipe hier startet. Über den Schneckenstein (883 m) und den Auersberg (1.018 m) gelangen Sie nach Johanngeorgenstadt und haben etwa die Hälfte des Weges gemeistert.

Von hier steigen Sie zum höchsten Punkt der Tour, dem 1.215 m hohen Fichtelberg, auf und genießen einen ausgedehnten Blick nach Sachsen und Tschechien. Weiter geht es zum Bären- (898 m) und Hirtenstein (882 m). Eisenbahnfans können auf diesem Abschnitt zwei wieder in Betrieb genommene Schmalspurbahnen bewundern. Immer öfter wird der Wald nun von Wiesen durchbrochen.

Auf Ihrem Weg zur Saigerhütte von Olbernhau, die Teil des UNESCO-Kulturerbes ist, erkunden Sie ein intaktes Hochmoor. Über das Spielzeugdorf Seiffen wandern Sie zum Schwartenberg (787 m) und zum Kahlenberg (905 m). Weite Blicke in die hügelige Hocherzgebirgslandschaft machen den Reiz dieses Abschnittes aus. Über den Geisingberg (820 m) führt Sie der Kammweg auf der letzten Etappe nach Geising, dem Zielpunkt Ihrer Wanderung.

Land und Leute

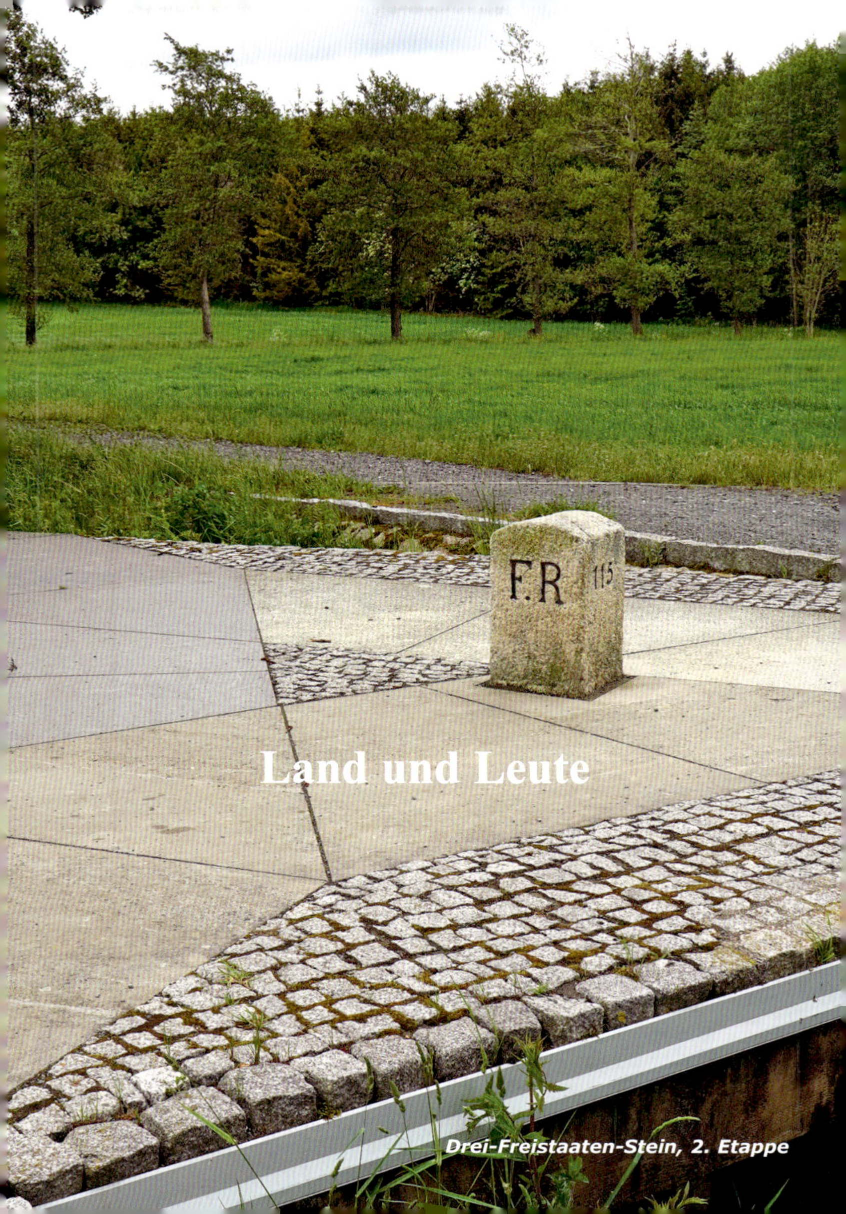

Drei-Freistaaten-Stein, 2. Etappe

Das Vogtland

Oft mit dem sächsischen Vogtlandkreis verwechselt umfasst der Naturraum Vogtland Grenzregionen in Bayern, Sachsen, Thüringen sowie Böhmen und lässt sich sprachlich auf den ehemaligen Herrschaftsbereich von Vögten zurückführen. Landschaftlich eingebettet zwischen dem Erzgebirge im Osten und dem thüringischen Schiefergebirge im Westen schneiden sich die Flusstäler der Saale und der Weißen Elster durch die Region. Die v-förmigen Täler boten ideale Voraussetzungen, um die Wasserkraft in zahlreichen Stauseen zu nutzen. Die höchsten Erhebungen sind der Schneehübel (974 m), der Aschberg (936 m) und der Schneckenstein (883 m), über den Sie der Kammweg führt.

Die Vögte wurden vom Stauferkaiser Barbarossa im 12. Jahrhundert zunächst als Verwalter seiner östlichen, ursprünglich von Sorben bewohnten, Reichsgebiete eingesetzt. Mit zunehmend deutscher Besiedlung erhielten sie wichtige Privilegien wie das Berg- und Münzregal, womit sie das Verfügungsrecht über Bodenschätze besaßen und ihre Währung selbst bestimmen und prägen konnten. Die weitverzweigten Linien der Vögte von Weida, Gera und Plauen waren die einflussreichsten und kontrollierten den Handel von Böhmen über das Erzgebirge zur Saale und Elbe. Das aus ihnen hervorgegangene Haus der Reuß regierte bis zum Ende der Monarchie im Jahr 1918 in den zwei Fürstentümern Greiz und Gera, die Teil des Deutschen Reiches waren. Zu Ehren des Stauferkaisers Heinrich VI. nannte die Herrscherfamilie in ihrer über 800-jährigen Geschichte jeden männlichen Nachkommen Heinrich.

Nach dem Zweiten Weltkrieg zog sich die innerdeutsche Grenze durch das Vogtland. Zur Grenzsicherung wurde auf Seiten der ehemaligen DDR ein 5 km breites Sperrgebiet, dem viele Häuser weichen mussten, und ein 10 m breiter Kontrollstreifen eingerichtet. Letzteren nannte der Volksmund auch „Todesstreifen", da in ihm durch den Schießbefehl an die DDR-Grenzsoldaten zahlreiche Flüchtlinge ihr Leben ließen. Abgesichert wurde er durch Zäune, Überwachungstürme und Selbstschussanlagen. Ironischerweise überlebten aber in dem Grenzstreifen viele bedrohte Tier- und Pflanzenarten. Darum wies man nach der Wende große Teile des Geländestreifens als Naturschutzgebiet aus, welches als das Grüne Band Deutschlands bezeichnet wird. In den ersten Tagen Ihrer Wanderung werden Sie immer wieder Hinweise darauf entdecken.

Bekannt ist das Vogtland für seinen Instrumentenbau in den Orten Markneukirchen, Erlbach, Klingenthal und Schöneck, dem sogenannten Musikwinkel.

Das Wissen um das Handwerk brachten Protestanten mit, die nach dem Dreißigjährigen Krieg im Zuge der Gegenreform aus ihrer böhmischen Heimat vertrieben wurden. 1677 schlossen sie sich zur ersten Geigenbauerinnung Deutschlands zusammen. Im 18. Jahrhundert entwickelte sich parallel dazu der Gitarren- und Zitherbau sowie die Herstellung von Blasinstrumenten. Im 19. Jahrhundert kam in Klingenthal die Fertigung von Harmonikas hinzu. Anfang des 20. Jahrhunderts hatten einige Gewerke einen Weltmarktanteil von 50 %. Eigens für den Export der Instrumente wurde ein amerikanisches Konsulat in Markneukirchen eingerichtet. In der ehemaligen DDR übernahmen industrielle Großbetriebe die Produktion. Als diese nach der Wende die Fertigung einstellten, blühten die klein- und mittelständischen Betriebe wieder auf. Schwer gebeutelt von der Coronakrise bleibt zu hoffen, dass dieses Kulturgut überlebt.

Auf Ihrem Weg durch das Vogtland werden Sie auf die unterschiedlichsten Mundarten treffen. Dabei sind die Einflüsse der thüringischen, sächsischen, erzgebirgischen, oberpfälzischen und bayerischen Sprachvarianten unüberhörbar. Bekannt ist der typische Vogtlandsatz: „Wu de Hasen Hosen un de Hosen Husen haas'n, do sei mir dorhamm" („Wo die Hasen Hosen und die Hosen Husen heißen, da sind wir zuhause"). Die Vielzahl an Dialekten der Region inspirierte Konrad Duden, der 1869 bis 1879 Gymnasialdirektor in Schleiz war, zu seinem vereinheitlichenden Wörterbuch.

Durch Heimatvereine und Folkloregruppen erhalten auch die vogtländischen Trachten eine Wiederbelebung. Die meist langen, gestreiften Röcke der Frauen sind in dunklen Farbtönen von Braun, Blau oder Violett gehalten. Weiße Blusen und die reich geschmückte Buckelhaube heitern das Trachtenbild auf. Passend dazu ist die Tracht der Männer ebenfalls eher dunkel.

In der vogtländischen Küche dreht sich traditionell alles um die Kartoffel, und zwar in jedweder Form: ob roh oder gekocht, geröstet oder gebraten, gerieben oder zerquetscht. Zubereitet werden daraus Klöße oder Puffer, Mus oder Kuchen und sogar Kartoffelpudding. Kartoffelstücke heißen „Spalken" und werden je nach Zutaten zu Gemüse-, Schwamme- oder Krautspalken. Kartoffelpuffer sind „Bambes" und existieren ebenfalls in den vielfältigsten Formen. Die vogtländischen Kartoffelklöße werden als „grün" bezeichnet, da die Kartoffeln zu überwiegenden Teilen in rohem Zustand verarbeitet werden. Die „Erdeppl" genannten Kartoffeln haben es auch in die Volksdichtung geschafft: „Erdepplsupp in der Früh, Erdeppl zu Mittig in der Brüh, Erdeppl ne Umnd in der Schol, macht ne Tag drei Mol."

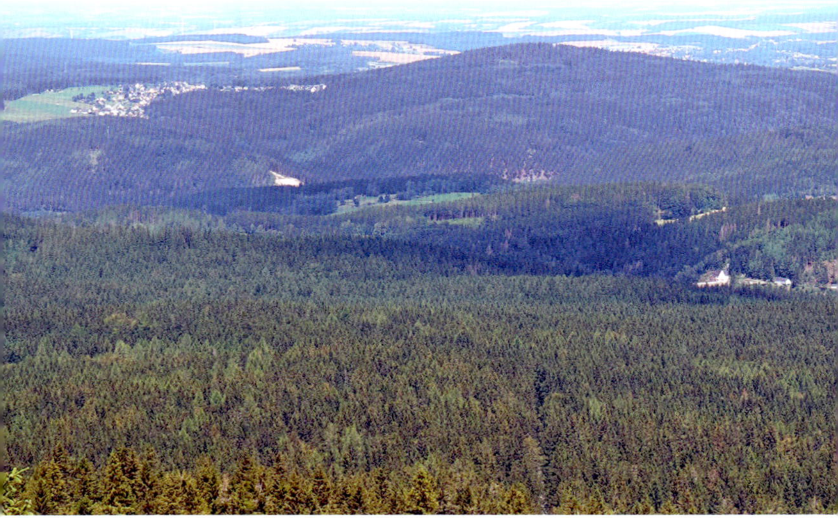

Blick vom Auersberg auf den Sosastausee

Das Erzgebirge

Das Erzgebirge ist ein typisches „Pultschollengebirge", welches sich – ähnlich einer Eisscholle – durch die tektonische Hebung der nördlichen sächsischen Seite und die Senkung des südlichen Teils, dem böhmischen Egergraben, bildet. So steigt das Massiv von Norden her zum Kamm langsam an und fällt nach Tschechien steil ab. Diese Bruchstelle wächst auch heute noch. Die zwei höchsten Erhebungen sind der Klinovec (Keilberg) mit 1.244 m in Böhmen und der Fichtelberg in Sachsen mit 1.215 m, über den Sie der Kammweg führt. Die Böden und das Klima begünstigten nach der letzten Eiszeit die Bildung zahlreicher Hochmoore. Jedoch sind die Flächen in den vergangenen Jahrhunderten durch Torfabbau und Trockenlegungen zurückgegangen. Im Zuge des Klimawandels versucht man diese heute wieder zu „vernässen". Der zu überwiegenden Teilen aus Nadelwald bestehende Bergkamm war in den 70er- bis 90er-Jahren des vergangenen Jahrhunderts besonders vom Waldsterben betroffen. Braunkohlekraftwerke der früheren DDR, CSSR und Polen stießen damals ihre Schadstoffe ohne jedwede Filter in die Luft.

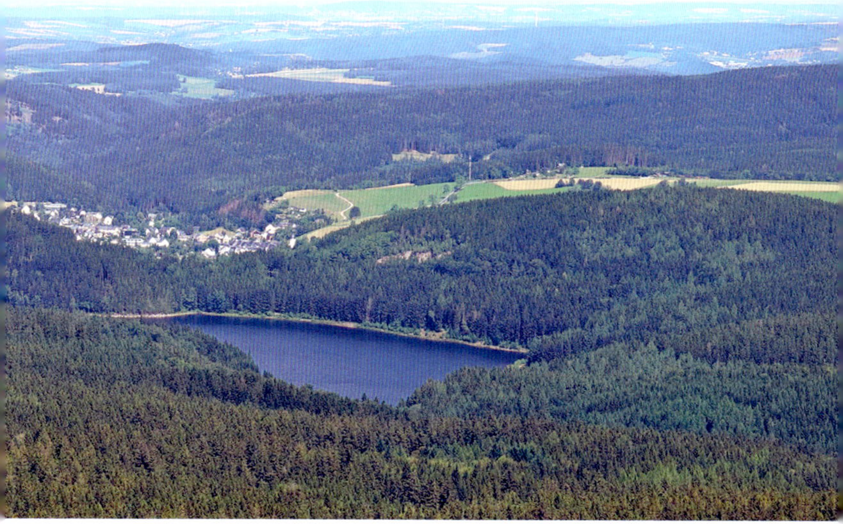

Anfänglich wurde der Höhenzug noch als „Böhmisches Gebirge" oder „Miriquidi" (= „Dunkelwald") bezeichnet. Erst als 1168 beim Bau des Klosters Altzella nahe der Freiberger Mulde Silbererz entdeckt wurde und es zu einer Besiedlungswelle kam, setzte sich langsam der Name Erzgebirge durch. Mit jedem „Berggeschrey" (Erzfund) erlebte die Gegend eine neue Einwanderungsperiode und Aufschwung. Damit dominierten der Bergbau und die Weiterverarbeitung der geschürften Erze für annähernd 800 Jahre die Region.

Im 15. und 16. Jahrhundert kamen weitere Silber-, Kupfer- und Zinnfunde hinzu und führten zu einer Vielzahl von Stadtgründungen. Da das Silber vor Ort weiterverarbeitet wurde, begründete die Region den Reichtum Sachsens und das Erzgebirge erblühte zum Bergbauzentrum Mitteleuropas.

So hatten die Bergstädte während des 30-jährigen Krieges besonders unter Plünderungen zu leiden. Zahlreiche Gemeinden und Gruben wurden zerstört und der Bergbau kam zum Erliegen. Als auch später die Montanwirtschaft nicht mehr auf das ehemalige Niveau zurückfand und die Suche nach neuen Erzlagerstätten erfolglos blieb, wichen viele Erzgebirgler auf andere Erwerbszweige wie die Holzwaren- und Spielzeugproduktion sowie die Spitzenklöppelei und Posamentenherstellung aus.

Lediglich der Kobaltabbau, der für die im 18. Jahrhundert entstehenden Porzellanmanufakturen benötigt wurde, belebte den Bergbau wieder. Auch versuchte man, durch die 1765 gegründete Bergakademie in Freiberg neue Abbautechnologien zu entwickeln.

Mit der Gründung des Deutschen Reichs im Jahr 1871 wurde die Goldwährung eingeführt. Als Folge davon verfiel der Silberpreis und der Abbau des Edelmetalls wurde unrentabel. Während dieser Zeit entwickelte sich die Uhrenindustrie in Glashütte sowie die Maschinenbau- und Textilindustrie im Westen des Erzgebirges.

Als die Sowjetunion nach dem Zweiten Weltkrieg Uran für ihre Kernwaffenproduktion benötigte, erinnerte man sich an alte Stollen, in denen schon im 18. Jahrhundert das neue Element gefunden worden war. Zum Abbau der Uranvorkommen gründete man die sowjetisch-deutsche Aktiengesellschaft (SDAG) Wismut, welche in den folgenden Jahren über 200.000 t Uran förderte. Die dadurch entstandenen Umweltschäden werden bis 2035 durch den Bund und den Freistaat Sachsen behoben. 2019 wurde die sächsisch-böhmische Montanregion in die Liste des UNESCO-Weltkulturerbes aufgenommen.

Mit der Erschließung des Gebirges durch Schmalspurbahnen im 19. Jahrhundert entwickelte sich auch der Tourismus und stellt heute einen wichtigen Wirtschaftszweig im Sommer wie Winter dar. Nach altem Brauch wird die Weihnachtszeit besonders ausgiebig gefeiert. So finden an den Adventswochenenden zahlreiche Bergparaden statt, bei denen die uniformartigen Trachten der Berg- und Hüttenmänner getragen werden und traditionelle Weihnachtsmärkte Besucher aus nah und fern anziehen.

Eng mit der Region verbunden ist das Holzhandwerk, welches sich mit dem Rückgang des Bergbaus im 18. Jahrhundert entwickelte. Anfänglich in Familienstrukturen hergestellt waren auch Kinder gezwungen, sich an der Fertigstellung von Holz- und Spielzeugwaren zu beteiligen. Um Zwischenhändler zu vermeiden, die den Preis drückten, reisten die Hersteller bis nach Leipzig und Dresden, um ihre Waren zu verkaufen. Zu Beginn des 19. Jahrhunderts gab es bereits mehr als 20 Spielzeugmachersiedlungen. Im Erzgebirge einmalig ist das Reifen- oder Spaltringdrehen. Dabei werden an einer Drehbank Holzreifen so gedrechselt, dass die nach dem Spalten entstehenden Tortenstückchen Tierfiguren gleichen. Besonders beliebt sind auch die vielfältigen Pyramiden und Schwippbögen.

Der erzgebirgische Dialekt ist im Westen durch das Oberfränkische und Vogtländische beeinflusst und im Osten durch das Obersächsische. Im 16. Jahrhundert ausgewanderte Bergleute nahmen ihre Mundart auch in den Oberharz mit.

Der für die Region typische Vogelbeerbaum wird im Volkslied von Max Schreyer in der ersten Strophe so besungen: „Kann schinn'rn Baam gippt's, wie dann Vuglbärbaam, as wärd a su lächt nett ann schinn'rn Baam gahm ..." („Keinen schöneren Baum gibt es wie den Vogelbeerbaum, es wird auch so leicht nicht einen schöneren Baum geben").

Typisch für die traditionelle erzgebirgische Küche sind Zutaten, die aus dem Wald stammen und schon früher haltbar für den Winter gemacht werden konnten: Also Pilze und Beeren. Im „Schwammemarsch", einem alten Volkslied, wird gesungen: „War viel Schwamme ißt, dar spart das teire Brut" („Wer viele Pilze isst, spart das teure Brot"). Spätestens nach der letzten Hungersnot 1771/1772 hielt auch hier die auf kargen Böden wachsende Kartoffel ihren Einzug. So verwundert es nicht, dass diese in den vielfältigen Formen verwendet wird. Etwa als „Fratzen" und „Klitscher", welche verschiedene Arten von Kartoffelpuffern darstellen. „Buttermilchgetzen" sind mit Buttermilch versetzte, geriebene gekochte Kartoffeln, die im Backofen oder in einer gusseisernen „Getzenpfanne" – mit je nach Rezept weiteren Zutaten – gebacken werden. Zu Weihnachten wird traditionell das „Neinerlaa" serviert. Dieses Neunerlei wird von Region zu Region unterschiedlich zubereitet. Meist dürfen dabei aber Bratwürste und Sauerkraut nicht fehlen.

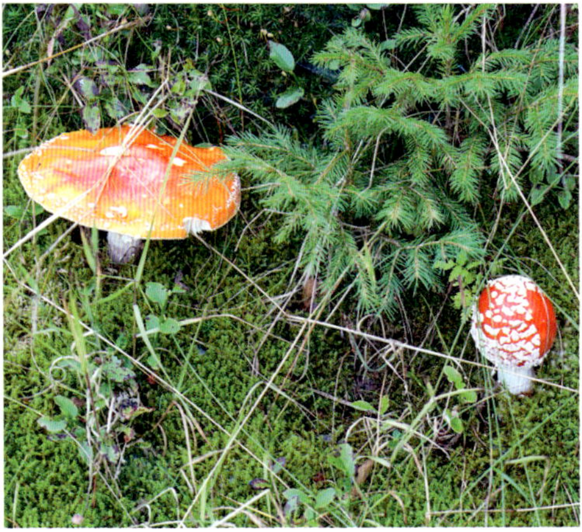

Pilze am Wegesrand

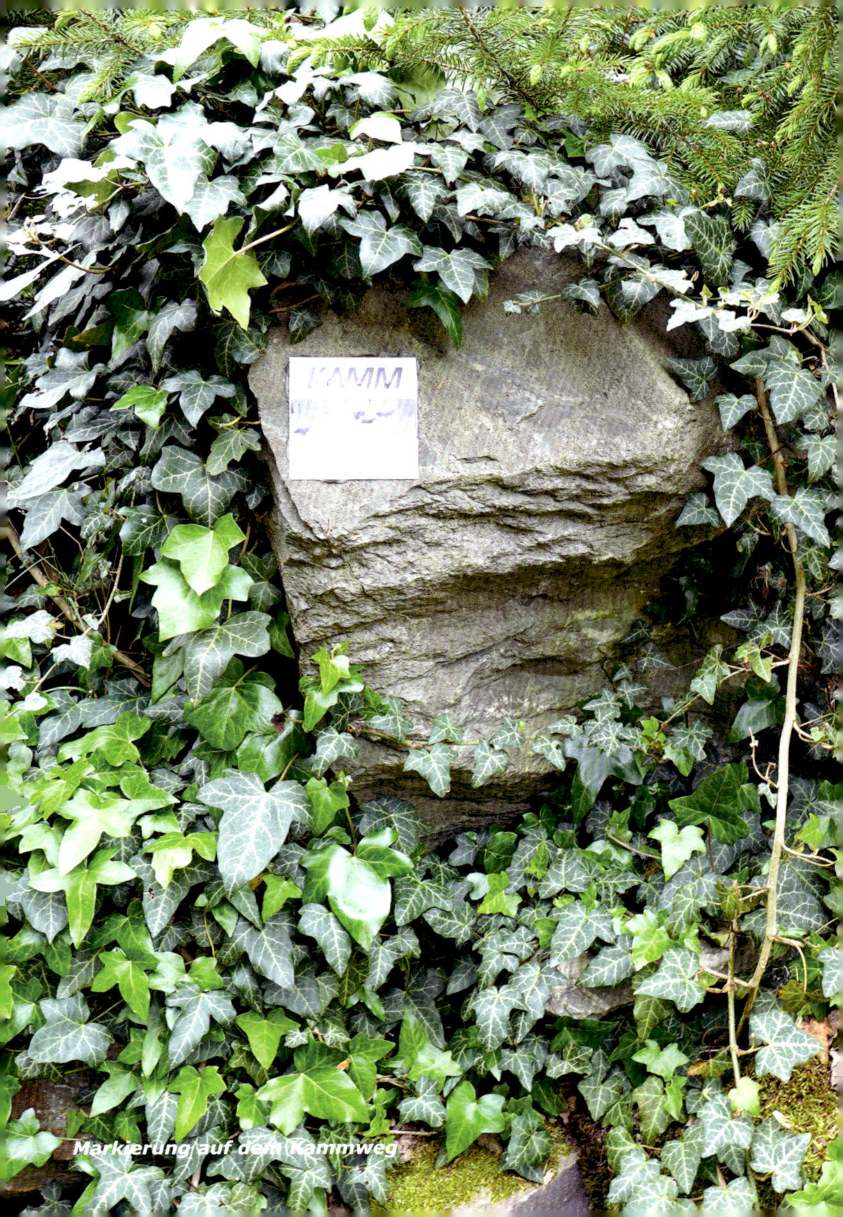

Markierung auf dem Kammweg

Reise-Infos von A bis Z

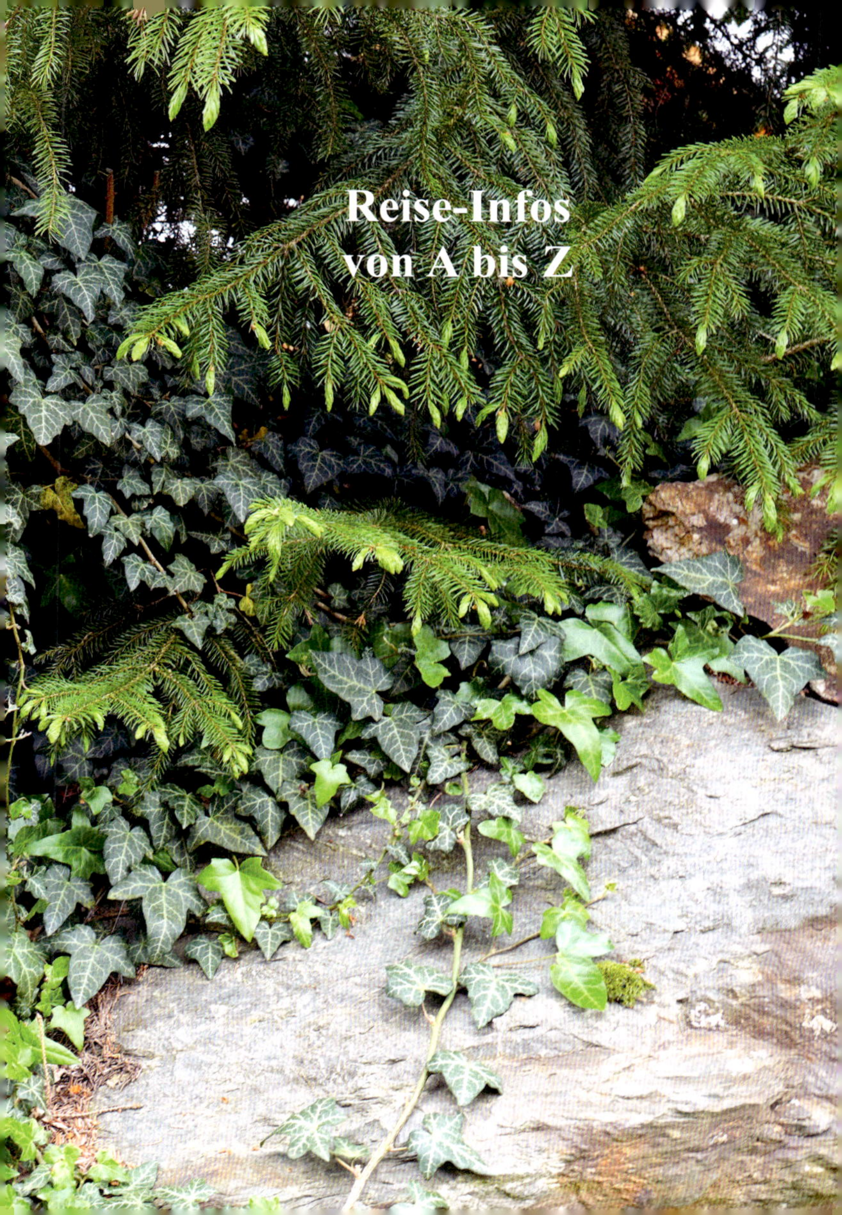

An- und Abreise

Der Kammweg ist mit Bahn, Bus oder Auto gut erreichbar. Als Ausgangs- oder Zielorte eignen sich insbesondere die Orte Blankenstein, Adorf, Schöneck, Johanngeorgenstadt, Olbernhau-Grünthal, Altenberg oder Geising, da sie einen guten Zugang zum Bahnnetz bieten. Fast alle übrigen Gemeinden besitzen einen Busanschluss, der tagsüber oft bedient wird.

Die An- und Abreise mit der Bahn erfolgt je nach dem Ausgangspunkt Ihrer Bahnreise über die ICE-Bahnhöfe Eisenach, Erfurt, Leipzig oder Dresden. Von dort aus nehmen Sie das Regionalbahnnetz ins Zielgebiet. Planen Sie aber für die Weiterfahrt in die westlichen Abschnitte mindestens 3 Stunden ein. Für die Etappen bis Johanngeorgenstadt fahren Sie von den ICE-Bahnhöfen weiter über Gera, Saalfeld oder Zwickau. Alle östlichen Etappenziele erreichen Sie über Chemnitz oder Dresden. Zuganschluss auf dem Kammweg besitzen folgende Städte: Blankenstein, Gutenfürst, Adorf, Schöneck, Muldenberg, Johanngeorgenstadt, Olbernhau-Grünthal, Holzhau, Altenberg und Geising. Die Orte Oberwiesenthal und Kretscham-Rothensehma sowie Jöhstadt und Schmalzgrube sind durch Schmalspurbahnen verknüpft, die meist nur in der Saison an Wochenenden verkehren.

Wanderdrehkreuz

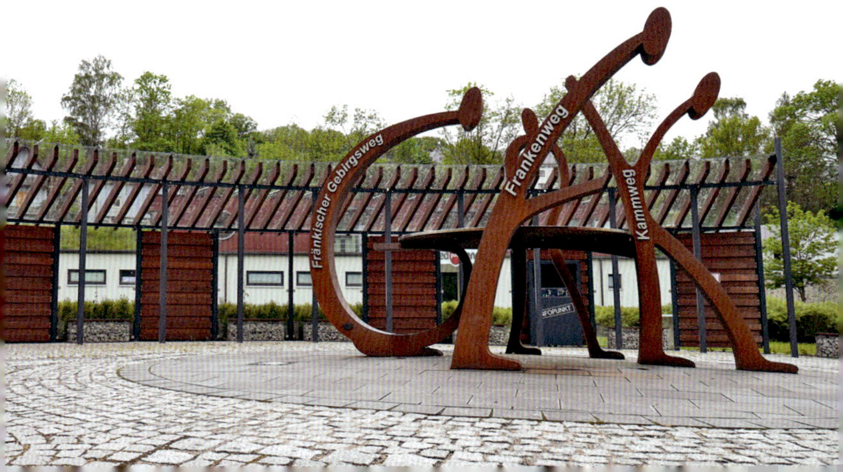

Sofern Sie mit dem Auto über die A4, A9 oder A72 anreisen, stellen diese Bahnhöfe auch gute Standpunkte dar, um Ihr Auto abzustellen. Allerdings fallen Parkgebühren an, sofern Sie bahnhofsnah parken möchten. Wenn Sie Ihr Auto direkt in Blankenstein stehen lassen möchten, nehmen Sie die Abfahrt 30 Rudolfstein der A9 und erreichen nach wenigen Kilometern den Ort. Dort können Sie Ihr Auto auf dem Wanderparkplatz Selbitzplatz direkt beim Wanderdrehkreuz gebührenfrei abstellen. Für die Rückfahrt zum Auto sollten Sie aber genügend Zeit einplanen, da Sie in den meisten Fällen über die genannten größeren Städte nördlich des Kamms geleitet werden. So müssen Sie für die Rückfahrt von Geising eine Fahrzeit von fast 7 Stunden einrechnen. Sollten Sie Ihr Auto am Zielort Geising parken wollen, ist zu beachten, dass es zwar Parkplätze direkt am Bahnhof gibt, diese aber nicht zum Dauerparken genutzt werden können. Hier weichen Sie auf einen gebührenfreien Parkplatz 200 m entfernt aus. Dazu fahren Sie vom Bahnhofsplatz zur Altenberger Straße, biegen in diese nach links ein und fahren über eine Eisenbahnbrücke. Direkt hinter dieser gelangen Sie zu einem kleinen Wanderparkplatz auf beiden Seiten der Straße.

Sofern Sie mit dem Fernbus an- oder abreisen möchten, bieten sich ebenfalls die oben beschriebenen ICE- und Regionalbahnhöfe an, da diese auch an das FlixBus-Netz angeschlossen sind.

Alle Bahn- und Busverbindungen finden Sie auf den unten genannten Portalen:

- 💻 www.bahn.de
- 💻 www.vogtlandauskunft.de
- 💻 www.rve.de
- 💻 www.vms.de
- 💻 www.vvo-online.de
- 💻 www.erzgebirgsbahn.de
- 💻 mitteldeutsche-regiobahn.de
- 💻 www.flixbus.de

Ausrüstung

Wie so häufig im Leben gilt die Devise: so wenig wie möglich und so viel wie nötig. Bedenken Sie aber, das jedes Gramm mehr bei langen Etappen zur Qual wird. Unten finden Sie einige Vorschläge zur Ausrüstung, die Sie je nach Bedarf und Jahreszeit anpassen können. Alternativ besteht die Option, über die Tourismusverbände des Vogtlandes oder des Erzgebirges einen Gepäckservice zu buchen (☞ siehe mehr dazu unter Wandern ohne Gepäck).

Checkliste Ausrüstung

- ☐ Rucksack, an den Rücken angepasst, mit Regenschutz
- ☐ Wanderstöcke bei Bedarf zur Entlastung der Gelenke
- ☐ Wanderschuhe (eingelaufen) und Pflegemittel
- ☐ Sandalen oder leichte Schuhe für den Abend
- ☐ Nähzeug, Schnur, Taschenmesser, Stirnlampe, Ohrenstöpsel
- ☐ Sonnenbrille, Kopfbedeckung, Sonnencreme
- ☐ in kalter Jahreszeiten je nach Kälteempfindlichkeit: Mütze, Schal, Handschuhe, lange Unterhose
- ☐ Hygieneartikel wie Waschbeutel, Handtuch, Toilettenpapier, Waschpulver
- ☐ Wasserflasche oder Trinksystem, mindestens 2 Liter
- ☐ 2 Unterhosen, 2 T-Shirts, 2 x Wandersocken
- ☐ 1 langärmeliges T-Shirt oder Hemd
- ☐ Wanderhosen: 1 x lang und 1 x kurz oder abnehmbar
- ☐ 1X Isolieroberbekleidung: Jacke, Pullover oder Fleece
- ☐ 1X Regen- und Windschutzbekleidung
- ☐ Schlafsachen bei Bedarf
- ☐ Mobiltelefon mit Ladekabel
- ☐ Kamera mit Ladegerät
- ☐ Schreibutensilien

Checkliste Reiseapotheke

- ☐ persönliche Medikamente
- ☐ Schmerztabletten
- ☐ Pflaster für Blasen und Wunden
- ☐ Wunddesinfektionsmittel
- ☐ Mullbinde
- ☐ Durchfallmedikament
- ☐ Fußsalbe
- ☐ Insektenschutzmittel
- ☐ Magnesiumtabletten gegen Muskelkrämpfe bei Bedarf

Checkliste Dokumente & Zahlungsmittel:

- ☐ Personalausweis
- ☐ Jugendherbergsausweis
- ☐ (Europäische) Krankenversicherungskarte
- ☐ Impfpass oder bei Allergien Informationen zur Notfallbehandlung

- ☐ Telefonnummern zum Sperren von Zahlungskarten oder des Mobiltelefons
- ☐ Reisetickets
- ☐ EC- und Kreditkarte

Essen und Trinken

Da Sie in den angegebenen Unterkünften in den überwiegenden Fällen auch abends verpflegt werden, sind Sie auf Ihren Etappen lediglich auf den Tagesproviant angewiesen. Bei Unterkünften, die abends nur ihre eigenen Gäste bewirten, oder Einkehrmöglichkeiten, die nur selten geöffnet sind, ist das Symbol ✕ für Gaststätte bei den Etappen in Klammern gesetzt. Leider sind die Einkaufsmöglichkeiten am Wegesrand dünn gesät. Darum sollten Sie sich beim Frühstück in Absprache mit den Wirtsleuten eine Verköstigung für unterwegs zusammenstellen. Das Gleiche gilt für Getränke. Auf einigen Abschnitten besteht aber auch die Möglichkeit, mittags einzukehren.

Etappen

Die Etappen in dem vorliegenden Wanderführer orientieren sich an der Einteilung durch die Tourismusverbände Erzgebirge e. V. und Vogtland e. V. (💻 www.kammweg.de). Um den Weg als Fortsetzung des Rennsteigs oder des Frankenweges zu nutzen, wurde die Wegrichtung von West nach Ost gewählt. Im Gegensatz dazu beschreiben die Tourismusverbände den Weg in Ost-West-Richtung. Sofern mit dem Start- oder Endpunkt bei der offiziell von den Tourismusverbänden vorgeschlagenen Etappeneinteilung keine Unterkunft verknüpft ist, wurden die dargestellten Etappen hier verlängert.

GPS-Track

Zwar ist der Kammweg ausreichend markiert, auf einigen Teilstrecken ist der GPS-Track aber nützlich, um Zweifel an der Wanderstrecke auszuräumen. Den Tourenverlauf können Sie von der Webseite des Conrad Stein Verlages (💻 www.conrad-stein-verlag.de) herunterladen. Damit die Kilometerangaben des Buches mit Ihrem GPS-Gerät übereinstimmen, muss der Ausgangspunkt des Tracks mit Ihrem Startpunkt identisch sein. Bitte beachten Sie, dass sich die Kilometerangaben verschiedener GPS-Geräte bei längeren Distanzen etwas voneinander unterscheiden. Für das Buch wurde ein Garmin GPSmap 64s verwendet.

Zudem kann Ihr persönlicher Weg durch Sehenswürdigkeiten oder Einkäufe von den angegebenen Angaben abweichen. Rechnen Sie darum zur Vorsicht immer mit einer längeren Distanz als die, die im Buch aufgeführt ist.

📖 **GPS** *Grundlagen · Tourenplanung · Navigation* von Michael Hennemann, Conrad Stein Verlag, ISBN 978-3-86686-495-5, € 9,90

Hunde

Sollten Sie mit Hund unterwegs sein, erkundigen Sie sich bitte vorab bei der Reservierung der gewählten Unterkünfte, ob Tiere erwünscht sind. Auf meiner Wanderung 2020 traf ich auf ein Pärchen mit zwei Dackeln. Ihren Erfahrungen zufolge hatten sie keine Probleme, passende Übernachtungsmöglichkeiten zu finden, und die Wegführung war problemlos für die Tiere zu bewältigen.

Klima und Reisezeit

Das Klima im Erzgebirge, welches auch als „sächsisches Sibirien" bezeichnet wird, ist rau. So liegen die Temperaturen das ganz Jahr hindurch niedriger als im Tiefland und die Niederschlagsmenge ist deutlich höher. Im Winterhalbjahr kommt es häufig zu einem Wetterphänomen, das als „böhmischer Wind" gilt. In Folge eines Hochdruckgebietes im tschechischen Becken zieht dann ein kalter, trockener und böiger Luftstrom über den Kamm. Auch kann in den Höhenlagen des Erzgebirges bis in den April hinein Schnee liegen. Darum ist die ideale Reisezeit, um den Kammweg zu erwandern, von Mai bis Oktober. Abhängig von der Schneehöhe und der entsprechenden Ausrüstung können aber auch die Wintermonate reizvoll sein. So lädt die Kammloipe zum Fernlanglauf ein (💻 www.kammloipe.de).

Landkarten

- ▷ Kammweg Erzgebirge-Vogtland, Maßstab 1:25000, Leporello Wanderkarte von Publicpress, ISBN 978-3-89920-658-6
- ▷ Kammweg Erzgebirge-Vogtland, Maßstab 1:35000, Doktor Barthel Karte, Wander-, Ski- und Radwanderkarte, ISBN 978-3-89591-059-3

☺ Die Kartenempfehlungen wurden von der Geobuchhandlung Kiel überprüft. 💻 www.geobuchhandlung.de

Literaturtipps

- ▷ **Dachs statt Dax** – Einsteigen und Abschalten, Kammweg Erzgebirge-Vogtland, herausgegeben und erhältlich bei den Tourismusverbänden Erzgebirge e. V. und Vogtland e. V., 💻 www.kammweg.de
- ▷ **Den Wolken ganz nah**, unterwegs auf dem neuen Kammweg Erzgebirge-Vogtland, Frank Hommel, Chemnitzverlag, ISBN 978-3-937025-87-2
- ▷ **Auf vergessenen Spuren:** Der „Alte Kammweg" im Erz- und Riesengebirge, Swen Geißler, Panorama 03/2020, Magazin des Deutschen Alpenvereins
- ▷ **Rennsteig** von Hörschel nach Blankenstein, Thorsten Hoyer, Conrad Stein Verlag, ISBN 978-3-86686-734-5 (Neuerscheinung Sommer 2021)

Radfahrer

Der überwiegende Teil der Strecke des Kammweges ist mit einem Mountainbike befahrbar. Abschnitte, die nicht passierbar sind, können leicht umfahren werden. Parallel zum Kammweg verläuft auf der sächsischen Seite des Erzgebirges der Radfernweg I-6, Sächsische Mittel- und Erzgebirgsmagistrale, und auf der tschechischen Seite die „Krušnohorská magistrála" (Radweg 23). Nähere Informationen erhalten Sie dazu unter 💻 http://www.radwandern-erzgebirge.de. Weiter kreuzen der Saaleradweg (💻 www.saaleradweg.de), die Karlsroute (💻 www.karlsroute.eu) und im Gebiet des Fichtelbergs der Stoneman Miriquidi (💻 www.stoneman-miriquidi.com) den Kammweg.

Stempelstellen

In vielen Unterkünften erhalten Sie vom Gastgeber einen Hausstempel, der Ihnen Ihre Wanderleistung im eigenen Wanderpass dokumentiert. Einen Wanderpass erhalten Sie von den Tourismusverbänden Erzgebirge und Vogtland (Adressen siehe unter ☞ Wandern ohne Gepäck).

Die von den Tourismusverbänden offiziell ausgewiesenen Stempelstellen sind in den Etappen mit dem Symbol ⊙ angegeben.

Unterkünfte

Übernachtungsmöglichkeiten sind in dem Abschnitt von Schöneck bis Geising zahlreich vorhanden. Trotzdem ist zu empfehlen, dass Sie Ihre Etappen anhand der Schlafmöglichkeiten und Ihrer Ausdauer im Voraus planen und die Unterkünfte insbesondere am Wochenende buchen. Von Blankenstein bis Schöneck ist das Angebot jedoch begrenzt und Sie müssen zusätzliche Kilometer zurücklegen, um ein Quartier zu erreichen. Im detaillierten Streckenablauf ist dies hinterlegt. Für ein Einzelzimmer sollten Sie in der Regel mit 30-60 € und für ein Doppelzimmer 50-90 € kalkulieren. Die angegebenen Informationen geben Ihnen eine Orientierung und beziehen sich auf 2020. Sie können in den folgenden Jahren abweichen. Auch besteht die Möglichkeit, das Hotels oder Pensionen durch die Coronapandemie insolvent gegangen sind. Da Sie am Wegesrand immer wieder auf Schutzhütten treffen, gibt es auch die Option, in einem Biwak zu übernachten. Einziges Problem dabei ist, passende Wasserstellen zu finden, berichtete ein Pärchen, das mit demselben unterwegs war und ich 2020 auf dem Kammweg traf.

Updates

Der Conrad Stein Verlag veröffentlicht Updates zu diesem Buch, die direkt von dem Autor oder von Lesern dieses Buches stammen. Bitte suchen Sie vor Ihrer Abreise auf der Verlags-Homepage www.conrad-stein-verlag.de nach diesem Titel. Der links abgebildete QR-Code führt Sie direkt zu der richtigen Seite.

Verkehrsmittel am Weg

Wie oben schon dargelegt sind die öffentlichen Verkehrsmittel zur An- und Abreise problemlos nutzbar und zahlreich vorhanden. Da der Weg jedoch auf dem Kamm und nicht parallel zu einem existierenden Verkehrsweg verläuft, ist es in den meisten Fällen langwierig, zum Ausgangspunkt einer einzelnen Etappe zurückzugelangen, sofern Sie nicht von einem freundlichen Gastwirt abgeholt oder gefahren werden. Daher eignet sich der Weg nur begrenzt für Standorttouren.

Gut durch öffentliche Verkehrsmittel und ohne Umsteigen abzukürzen sind die folgenden Streckenabschnitte. Bei den jeweiligen Etappen sind die Anbindungen unter den Piktogrammen und detailliert dargestellt:

- ▷ vom Bahnhof Gutenfürst nach Süßebach (Ort) per Rufbus
- ▷ vom Bahnhof Adorf nach Schöneck mit dem Bus
- ▷ von Schöneck nach Muldenberg (Floßplatz) mit der Vogtlandbahn

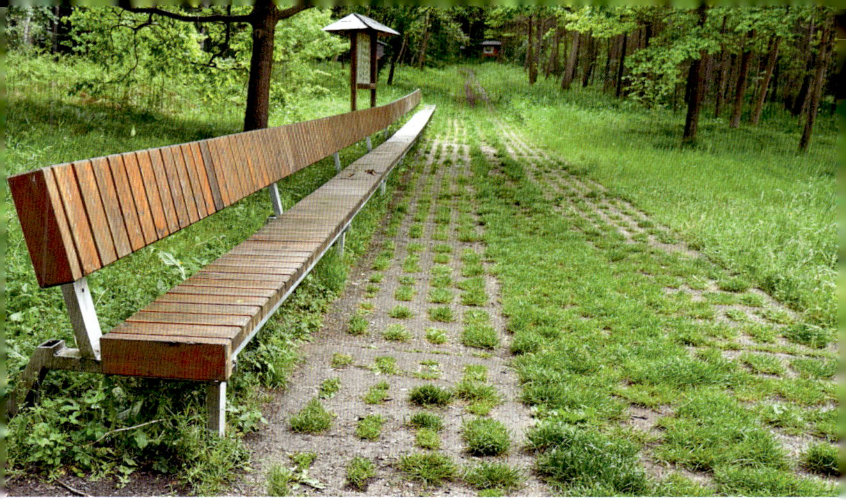

Die Bank an der Saale lädt zu einer ausgedehnten Pause ein

- ▷ von Weitersglashütte (Eibenstock) nach Wildenthal (Hammerschänke) und einmal täglich bis Bahnhof Johanngeorgenstadt mit dem Bus
- ▷ von Rittersgrün (Halbmeiler Straße) zum Haltepunkt „Bächelhütte (Oberwiesental)“ am Fichtelberg und weiter nach Oberwiesenthal mit dem Bus
- ▷ von Jöhstadt (Bahnhof) nach Schmalzgrube (Bahnhof) mit der Preßnitztalbahn
- ▷ von Kühnhaide (Schwarzwasser) über Rübenau (Heidenweg) und Rübenau (Dorfmitte) nach Olbernhau-Grünthal mit dem Bus
- ▷ von Olbernhau-Grünthal zum Kurort Seiffen mit dem Bus
- ▷ von Rehefeld-Zaunhaus nach Altenberg mit dem Bus
- ▷ von Altenberg nach Geising mit der Bahn

Alle Verbindungen und Zeiten finden Sie unter 💻 www.bahn.de.

Wandern ohne Gepäck

Die Tourismusverbände Erzgebirge und Vogtland bieten die unterschiedlichsten Varianten des Wanderns ohne Gepäck an. Diese reichen von kurzen Strecken mit drei Übernachtungen bis zum kompletten Kammweg mit 18. Außerdem können Sie die Etappenlänge je nach Ihrer Kondition wählen. In dem jeweiligen Gesamtpaket sind Unterkunft, Lunchpaket und Gepäcktransport enthalten.

Nähere Informationen dazu erhalten Sie bei den Verbänden unter ☏ 037 33/188 00 88 oder 037 44/194 49, 💻 www.kammweg.de/wanderurlaub.html, ✉ angebot@kammweg.de, oder direkt:

- Tourismusverband Erzgebirge e. V., Adam-Ries-Str. 16, 09456 Annaberg-Buchholz, ☏ 037 33/188 00-0, FAX 037 33/188 00 20, 💻 www.erzgebirge-tourismus.de, ✉ info@erzgebirge-tourismus.de
- Tourismusverband Vogtland e. V., Göltzschtalstraße 16, 08209 Auerbach, ☏ 037 44/18 88 60, FAX 037 44/188 86 59, 💻 www.vogtland-tourismus.de, ✉ info@vogtland-tourismus.de

Wegbeschreibung

Auf dem Kammweg gibt es viel zu entdecken. Darum ist die Wegbeschreibung mit Wissenswertem am Wegesrand verknüpft. Auch finden Sie immer wieder Wegpunkte, die Ihnen das Pendeln zwischen Text und Karte erleichtern sollen.

Im Verlauf einer Etappe werden zwei Formen von Entfernungsangaben verwendet: Zum einen bezeichnet „bei km xy" die gesamte Entfernung zwischen dem Startpunkt der GPS-Aufzeichnung in dem jeweiligen Abschnitt bis zu dem dargestellten Ereignis, zum Beispiel: „Bei km 12,3 überqueren Sie die A71". Dies besagt, dass Sie vom Ausgangspunkt des Wanderabschnittes bis hierher 12,3 km zurückgelegt haben. Zum anderen bezeichnet „nach xy m" oder „xy m weiter" die Teilentfernung ab dem zuvor definierten Vorkommnis, zum Beispiel: „300 m nachdem Sie die Straße überquert haben, biegen Sie links ab" meint die Entfernung zwischen der Straßenüberquerung und der Abzweigung. Bitte beachten Sie hier auch die Informationen zum GPS-Track.

Wegmarkierungen

Der Kammweg ist mit einem liegenden blauen Kamm auf weißem Grund oder einfach weiß-blau-weiß ausgezeichnet markiert. In den überwiegenden Fällen steht zusätzlich noch „KAMM" über dem blauen Streifen. Unklarheiten kommen selten vor. Falls doch, sind diese im Text mit dem Symbol ✋ gekennzeichnet.

Allerdings sorgen ähnliche Wegzeichen immer wieder für Verwirrung. So sind die teilweise parallel laufenden Fernwanderwege E3 (Atlantik – Schwarzes Meer) und der WDE (Weg der Deutschen Einheit: Görlitz – Aachen) auch weiß-blau-weiß kenntlich gemacht. Achten Sie darum darauf, dass über dem blauen Streifen „KAMM" steht, oder orientieren Sie sich bei Irritationen am GPS-Track.

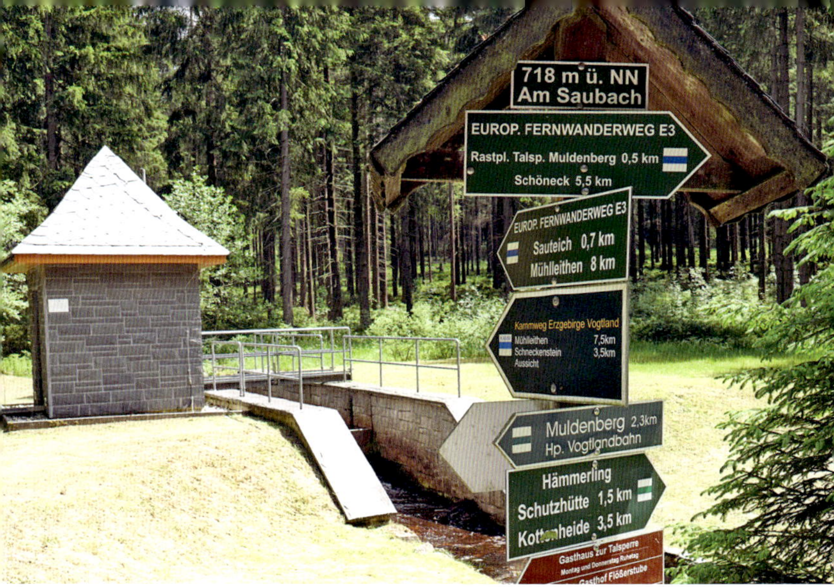

Wegweiser am Saubach, 5. Etappe

Wie schon erwähnt wird der Routenverlauf in diesem Wanderführer von Blankenstein nach Geising dargestellt, um eine Verlängerung des Rennsteins zu gewährleisten, während die Tourismusverbände ihn in umgekehrter Richtung beschreiben. Die Markierung des Weges ist aber in beide Richtungen hervorragend.

Darum beschränkt sich die Beschreibung des Routenverlaufs auch auf markante Stellen und verzichtet darauf, jede einzelne Abzweigung oder Kreuzung einzeln auszuweisen. Hierzu dient wiederum auch der GPS-Track.

Routenverlauf des Kammweges

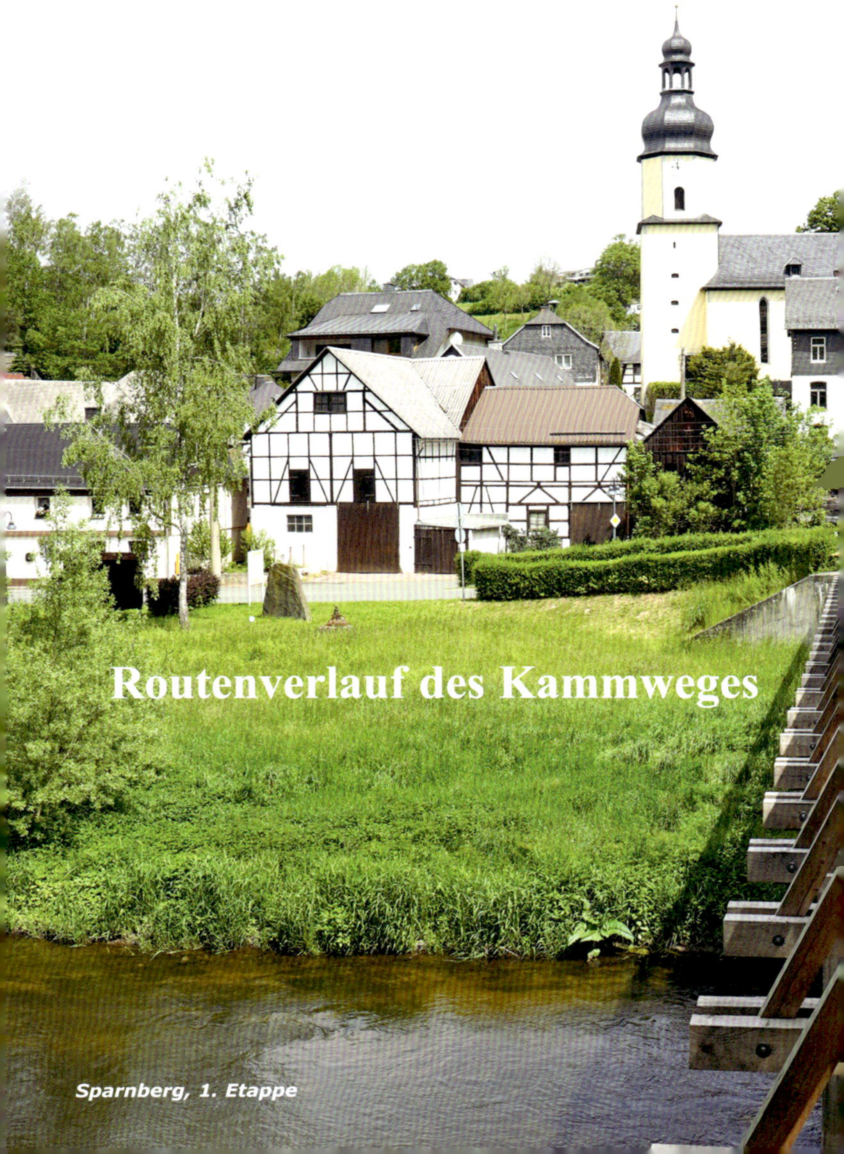

Sparnberg, 1. Etappe

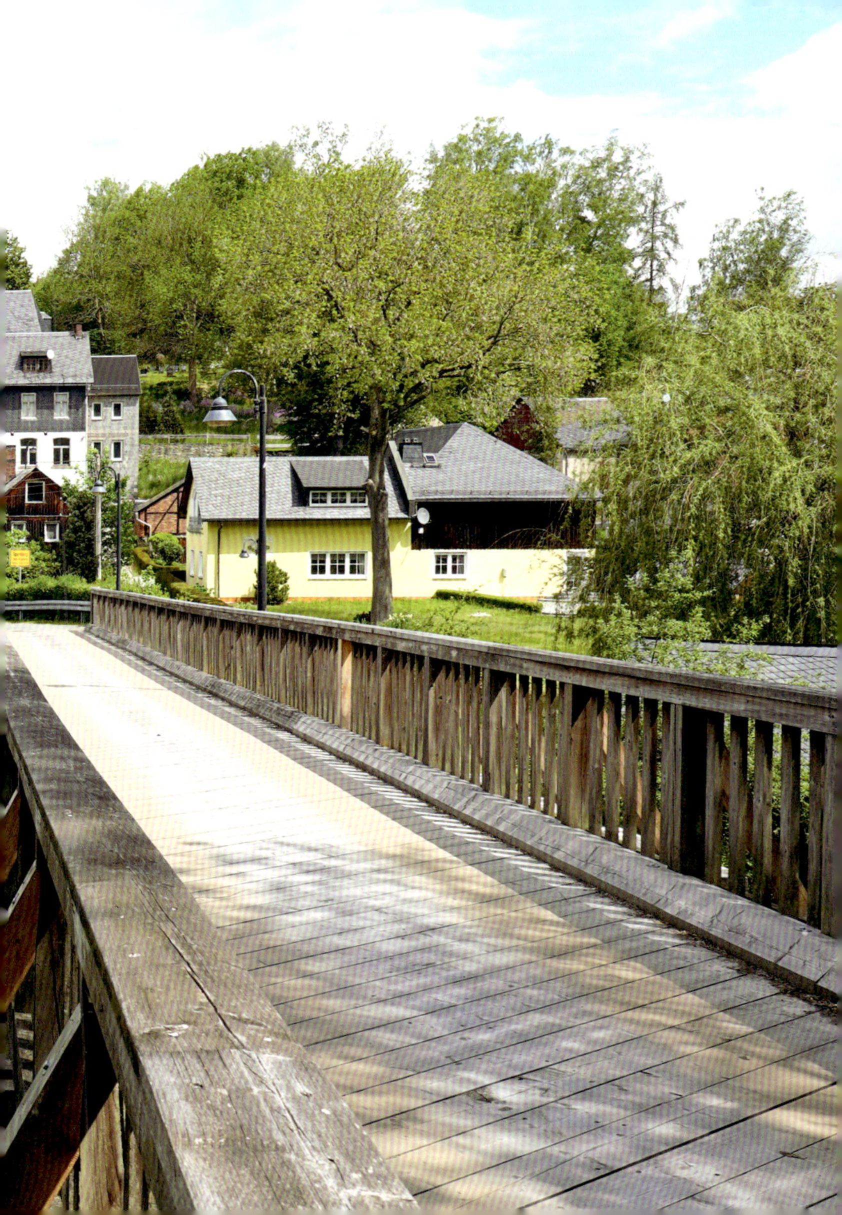

Blankenstein

Touristeninformation mit Raststätte, Selbitzplatz 1, 07366 Rosenthal am Rennsteig, ☏ 03 66 42/295 33, April-Oktober Mo-So 12:00-17:00 (siehe auch Museum), ⦿

Museum Rennsteig und Mee(h)r und Touristeninformation, Hauptstraße 15 (gegenüber der Pforte der Papierfabrik MERCER), 07366 Rosenthal am Rennsteig, ☏ 03 66 42/29 79 74, www.blankenstein-am-rennsteig.de/index.php/de/touristinformation, touristik-info@blankenstein-am-rennsteig.de, November-März Di-Sa 13:00-16:00 (2020 war die Information ganzjährig im Museum), Infos zum Museum müssen bitte erfragt werden! ⦿

Café & Pension am Rennsteig, Rennsteig 3, 07366 Rosenthal am Rennsteig, ☏ 03 66 42/232 07, 01 76/12 10 90 05 www.brixwooddesign.de/pension-zimmer, info@brixwooddesign.de, Übernachtung EZ € 40, DZ € 65, Frühstück € 5, ➲ 300 m vom Kammweg, oberhalb des Bahnhofs, Hunde sind willkommen.

♦ Gasthaus Rennsteig, Harraer Str. 3, 07366 Rosenthal am Rennsteig, ☏ 03 66 42/222 30, http://www.gasthaus-rennsteig.homepage.t-online.de, gasthaus-rennsteig@t-online.de, Übernachtung EZ/DZ pro Person ab € 40, inklusive Frühstück, ➲ 150 m vom Kammweg, vom Museum Richtung Bahnhof

Alle 2 Stunden besteht eine Verbindung nach Saalfeld.

Blankensteins neuere Geschichte wird von der Zellstoff- und Papierfabrik Rosenthal (MERCER) geprägt, dessen Produktionsstätten zwischen Blankenstein und Harra liegen. Gegründet von Anton Wiede Ende des 19. Jahrhunderts erweiterte man die Anlage im 20. Jahrhundert sukzessive. Nach der deutschen Wiedervereinigung unter Umweltaspekten umgebaut gehört das Werk heute zu den modernsten Zellstofffabriken weltweit. Der Papierfabrik hat der Ort auch seinen Bahnanschluss zu verdanken, der seit 1897 besteht.

Weg durch Blankenstein

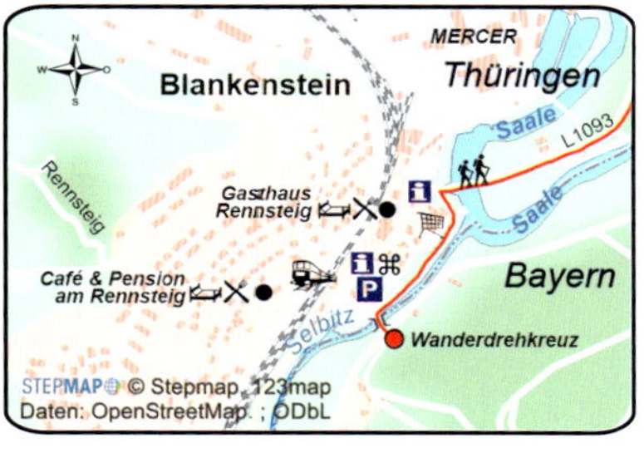

Die Namensgebung der Gemeinde ist eng mit der Ritterburg Blankenstein und deren Eigentümern, den Herren von Blankenberg, verbunden, die 1392 erstmals schriftlich erwähnt wurden. Im 16. Jahrhundert wechselte die Anlage dann in den Besitz der Landesherren von

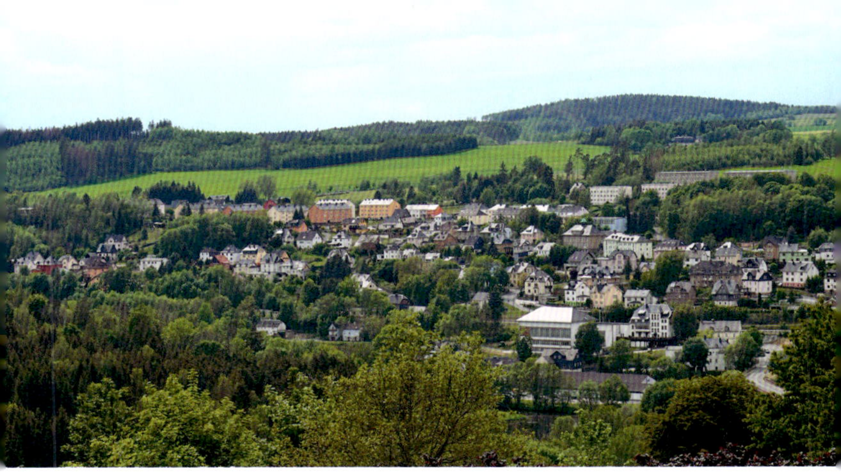

Blankenstein

Reuß, deren Geschlecht auf die Vögte von Weida zurückgeht. Ab dem Mittelalter war die Region auch für ihre Eisengruben und ihren Schieferabbau bekannt.

Nach dem Zweiten Weltkrieg zog sich die deutsch-deutsche Grenze durch das Saaletal. Viele frühere Siedlungen wurden zur Grenzsicherung abgerissen und die betroffenen Menschen zwangsumgesiedelt. Während Ihrer Wanderung entlang des Grünen Bandes in den kommenden Tagen werden Sie dazu zahlreiche Gedenktafeln finden.

Ein Ausflug zum Wiedeturm auf der bayerischen Seite oberhalb Blankensteins oder ins Museum, welches die Geschichte der Grenze und der Papierfabrik aufzeigt, ist empfehlenswert.

1. Etappe: Blankenstein – Hirschberg

➲ 14,3 km, ⌛ 4 Std. 30 Min., ↑ 424 m, ↓ 377 m, ⇧ 402-525 m

0,0 km	⇧ 400 m	Blankenstein ⌘
2,0 km	⇧ 490 m	Blankenberg, Rastplatz
5,4 km	⇧ 480 m	Pottiga, Skywalk
7,7 km	⇧ 435 m	Saalbachbrücke, Picknicktisch
8,9 km	⇧ 440 m	Sparnberg
10,8 km	⇧ 470 m	Autobahnbrücke
14,3 km	⇧ 450 m	Hirschberg, Museum ⌘

Die erste Etappe des Kammweges verläuft abwechslungsreich an und oberhalb der Saale. In Blankenberg und am Skywalk in Pottiga genießen Sie einen herrlichen Blick über die Flussauen.

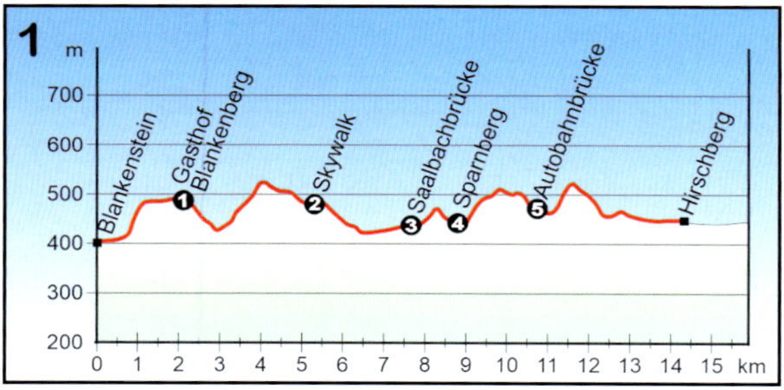

Ausgangspunkt für Ihre Wanderung ist das deutsche Wanderdrehkreuz gleich neben dem Wanderparkplatz an der Selbitz. Hier treffen der Rennsteig, der fränkische Gebirgsweg, der Frankenweg, der Frankenwaldsteig und der Kammweg aufeinander. Von hier laufen Sie am thüringischen Ufer der Selbitz, vorbei am Supermarkt Diska/Edeka, zur Mündung in die Saale und von dort weiter bis zur Autobrücke über den Fluss. Sie steigen die Treppe hinauf und bemerken vor sich die stadtprägende Papierfabrik. Neben ihrer Pforte befindet sich das Museum mit einer der beiden Touristeninformationen.

Sie überqueren die Brücke, die nach der Zerschlagung der napoleonischen Truppen und der europäischen Neuordnung durch den Wiener Kongress 1815 die Grenze zu einer Enklave Preußens markierte. Auf der anderen Saaleseite kommen Sie zum ehemaligen Ortsteil Ziegelhütte, dessen Häuser 1972 einer grenzsichernden Betonmauer zum Opfer fielen. Die 32 dort lebenden Personen wurden zwangsumgesiedelt. Am Ufer der Saale können Sie die Reste der 1895 erbauten, 2,5 km langen Pferdebahn erkennen, die zum Rohstofftransport zwischen der alten Papiermühle unterhalb Blankenbergs und der neuen Papierfabrik in Blankenstein genutzt wurde. Heute betreibt ein Förderverein die Bahn (💻 www.feldbahn-blankenberg.jimdofree.com).

Sie laufen parallel zur L1093 den Hang nach Blankenberg hinauf, bis ein Treppenweg, die Straße abkürzend, zum Ort führt. Der weiß-blau-weiß markierte Kammweg verläuft hier zusammen mit dem mit einem roten Dreieck gekennzeichneten Saale-Orla-Weg. Am Ortseingang beschreibt der Kammweg eine Schleife

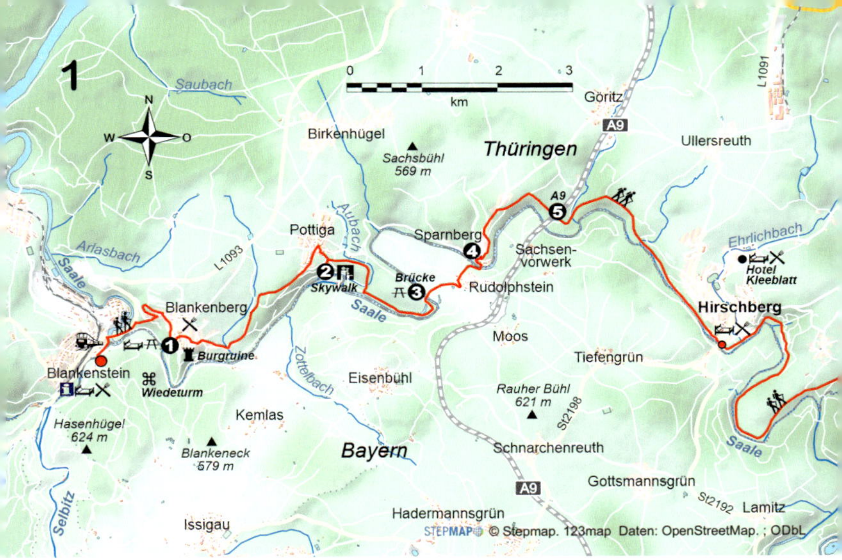

nach links in den Rehweg, gelangt an einen Aussichtspunkt über dem Papierwerk und mittels des Felsenkellerweges wieder an die Hauptstraße.

↳ Wer den Umweg vermeiden möchte, geht weiter die Landstraße bis zur Warthestraße und biegt in diese rechts ab.

250 m später führt Sie ein schmaler Pfad oberhalb der Saalefelsen zum Rastplatz und dem Gasthof Blankenberg ❶.

Blankenberg

Gasthof Blankenberg, Schlossberg 9, 07366 Rosenthal am Rennsteig, OT Blankenberg, ☏ 03 66 42/239 13, www.kriegels-gasthaus.de, gasthauskriegel1@t-online.de, Übernachtung EZ ab € 38, DZ ab € 52, Frühstück € 8, ➲ direkt am Kammweg

↳ Optional können Sie die Schlossruinen von Blankenberg besichtigen. Folgen Sie dazu vor der Kirche der Schlossbergstraße nach rechts. 150 m später erreichen Sie die Reste des 800 Jahre alten Schlosses, welches die sowjetische Militäradministration und der Kreisrat von Schleiz im Frühjahr 1948 sprengen ließen.

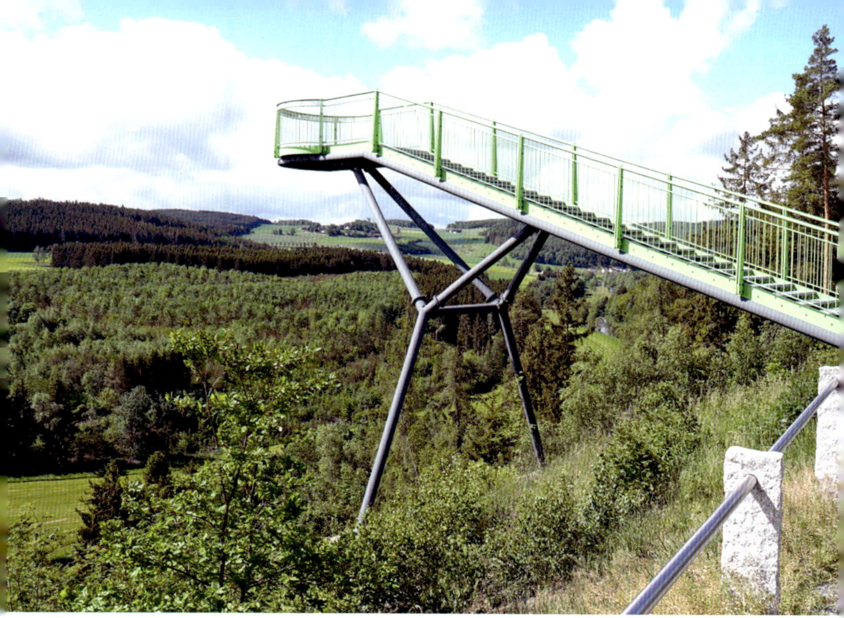

Aussichtsplattform über der Saale

Weiter laufen Sie links der Kirche die Ferdinand-Flinsch-Straße und später die Issigauer Straße den Hang hinunter, bis Sie in einer Schleife nach links in den Anger abbiegen. Unten im Tal liegt die alte Papierfabrik.

Der Kammweg führt Sie zusammen mit dem Saale-Orla-Weg aus dem kleinen Städtchen über eine Wiese in den Wald weiter nach Pottiga. Ab dem 14. Jahrhundert war dies ein fester Rittersitz mit Schloss und Rittergut, die 1869 bei einem Brand zerstört wurden. Vom Ortskern gehen Sie am Dorfteich aus dem Ort hinaus und sehen schon die Aussichtsplattform über der Saale ❷.

Anschließend folgen Sie den Markierungen des Kammweges mittels eines Schotterweges hinunter an den Fluss, wo eine Bank am Ufer zum Rasten einlädt. Am Saaleufer geht es über einen Kolonnenweg weiter. Dies sind Betonwege, die Soldaten in der DDR zur Grenzkontrolle nutzten. Bei km 7,7 gelangen Sie an eine blaue Saalbachbrücke ❸. Hier standen sechs Häuser des Ortes Saalbach, die 1952 aufgrund der Grenzziehung abgerissen wurden: Den entstandenen Schaden spüren Sie am eigenen Leib, denn der ehemalige Ausflugsort beherbergte im 19. Jahrhundert eine florierende Schankwirtschaft.

Über die Brücke und weiter den Hang hinauf gelangen Sie nach Rudolphstein. Hier halten Sie sich links in die Sparnberger Straße, die Sie hinunter an den Fluss geleitet. Eine Holzbrücke führt Sie nach Sparnberg ❹. In einem Bogen laufen Sie in den Ort und mittels einer Treppe zur Kirche hinauf. Über einen Pfad oberhalb derselben verlassen Sie Sparnberg und gelangen zu einer neueren Häusersiedlung auf dem Hügel. Hier folgen Sie der Asphaltstraße geradeaus, bis Sie bei km 9,8 nach rechts in einen Kolonnenweg einbiegen, der Sie am Waldrand etwa 2 km zu einer Autobahnunterführung der A9 bringt ❺. Auch hier verläuft der Kammweg zusammen mit dem Saale-Orla-Weg. Hinter der Unterführung wandern Sie den Hügel hinauf und folgen dann einer Rechtsschleife der Saale nach Hirschberg.

Hirschberg, Museum

Hotel Kleeblatt, Gartenstraße 1, 07927 Hirschberg, ☏ 03 66 44/434 87-0, www.hotel-kleeblatt.de, hotel-kleeblatt@gmx.de, Übernachtung inklusive Frühstück EZ ab € 45, DZ ab € 60, ➲ ca 1,5 km vom Kammweg entfernt, das Hotel liegt am Ortsrand nahe der Hirschberger Schule. Entweder laufen Sie vom Museum die Gerberstraße in den Ortskern und anschließend die Schulstraße auswärts oder Sie wandern über den Hügel und die Thomas-Münzer-Straße zur Gartenstraße.

Zimmer bei Familie Günter Weitermann, August-Bebel-Straße 4, 07927 Hirschberg, ☏ 03 66 44/43 88 88, 01 60/92 27 17 90, antjelira@gmail.com, Übernachtung mit Frühstück ab EZ € 35, DZ € 60 (Abendessen bei Bedarf), ➲ 800 m vom Kammweg entfernt, Sie laufen die Gerberstraße in den Ort und biegen dann links in die Friedrich-Fröbel-Straße ab. Nach 600 m zweigt die August-Bebel-Straße rechts ab.

⌘ Saalgasse 2, ☏ 03 66 44/430 20, www.museum-hirschberg.de, info@museum-hirschberg.de, Di & Do 10:00-16:00, Eintritt € 3

Hirschberg entstand an einer ehemaligen Saalefurt und wurde 1154 erstmalig urkundlich erwähnt. Von der Burg zur Sicherung der Furt sind nur noch Mauerreste übrig geblieben. 1394 verlieh der böhmische König Wenzel den Hirschbergern Stadtrechte. Die Rechte, zu brauen, Handel zu treiben, zu jagen und zu fischen, verhalfen der Stadt zu einem gewissen Wohlstand. Jedoch waren zahlreiche Reisen nach Prag notwendig, um die Zusagen 1479 endlich urkundlich verbrieft zu erhalten. Das über dem Ort thronende Schloss diente einer Zweiglinie der Reußen lange Jahre als Residenz und Verwaltungszentrum.

1741 übernahm Johann Gottlieb Knoch eine kleine Gerberei und prägte mit der Lederherstellung bis 1992 die Stadt. 1893 überführten seine Nachfahren die Firma in eine börsennotierte Aktiengesellschaft. Anfang des 20. Jahrhunderts verarbeiteten bis zu 1.500 Beschäftigte jährlich 600.000 Rindshäute zu Sohlenleder. Damit war es die größte Sohlenlederfabrik Deutschlands. 1946 wurden für Reparationsleistungen an die Sowjetunion 70 % der Fabrikanlagen demontiert, Aktionäre enteignet und die Firma in einen VEB (Volkseigenen Betrieb) zur Schuhoberlederherstellung umgewandelt. Das Gelände lag damals direkt an der deutsch-deutschen Grenze. Nach der Wiedervereinigung übernahm ein österreichischer Lederfabrikant das Werk. Die GmbH meldete jedoch schon 1993 Konkurs an. Da sich kein weiterer Interessent fand, riss man 1996 die Produktionsgebäude für DM 40 Mio. ab. Heute sind nur noch einige ehemalige Verwaltungsgebäude erhalten. In einem finden Sie das Museum.

2. Etappe: Hirschberg – Burgstein – Großzöbern

➲ 29 km, ⌛ 10 Std., ↑ 585 m, ↓ 522 m, ⇧ 427-607 m

0,0 km	⇧ 450 m	Hirschberg, Museum ⌘
5,5 km	⇧ 480 m	Öhninger Hütte
8,6 km	⇧ 510 m	Mödlareuth, Deutsch-Deutsches Grenzmuseum ⌘
13,4 km	⇧ 570 m	Drei-Freistaaten-Stein
17,8 km	⇧ 560 m	Gutenfürst, Bahnhof
21,4 km	⇧ 480 m	Kienmühle ⌘
23,1 km	⇧ 533 m	Burgstein, Wanderparkplatz
		(Fr-So in Ruderitz, ca. 1,5 km entfernt)
25,9 km	⇧ 520 m	Autobahnbrücke A72
29,0 km	⇧ 510 m	Großzöbern, Pension Anders

Die zweite Etappe des Kammweges führt Sie zunächst an der Saale entlang, folgt dann aber dem Grünen Band der ehemals deutsch-deutschen Grenze. Das Grenzmuseum in Mödlareuth lädt zu einer Besichtigung ein. Weiter wandern Sie über das hügelige Vogtland vorbei am Dreiländereck zwischen Thüringen, Sachsen und Bayern zum Wanderparkplatz Burgstein. Zur Übernachtungsmöglichkeit in der Pension Anders sind es dann noch 5,9 km. Bitte buchen Sie frühzeitig Ihre Unterkunft, da nur wenige Zimmer zu Verfügung stehen.

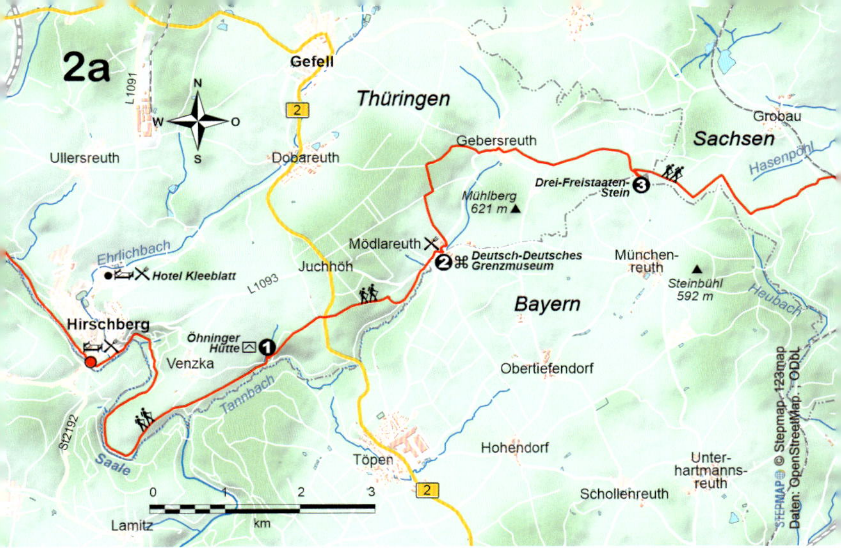

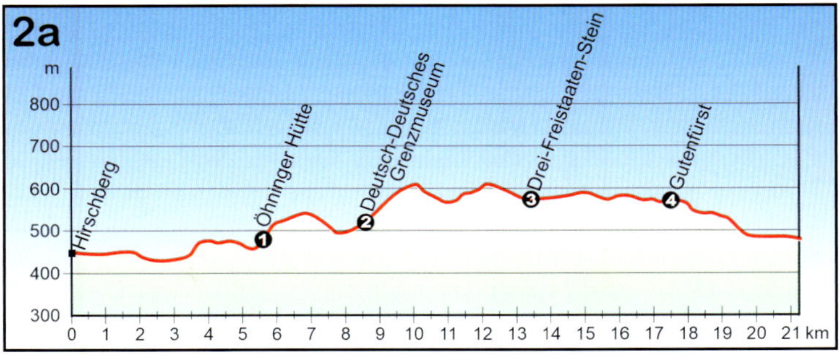

Sie laufen vom Museum an der Saale bis zur Wenzelshöhle unterhalb des Schlosses. Der Sage nach versteckten hier die Hirschberger den verfolgten Böhmenkönig Wenzel. Aus Dankbarkeit, so sagt man, verlieh er ihnen 1397 die Stadtrechte. Hier nehmen Sie den Hängesteg zum Naturpark Hag, dessen hundertjährige Bäume samt dem dort befindlichen Gasthaus 1973 der Grenzsicherung zum Opfer fielen. Nach der Grenzöffnung pflanzten Bürgerinitiativen 35.000 Laubbäume als Ersatz. Auch ein Mammutbaum ist neben der 30 m langen Saalebank zu bewundern. Auf und ab wandern Sie nun an der Saaleschleife entlang und treffen bald auf einen Kolonnenweg am ehemaligen Grenzstreifen, dem Sie 3,5 km folgen.

Bei km 5,4 biegen Sie links ab, um in einem kurzen Anstieg zur Öhninger Hütte zu gelangen ❶. Von dort laufen Sie den Weg bis zur Straße B2 zwischen Dobareuth und Töpen und überqueren diese geradeaus in einen Wiesen- und Waldweg. Bei km 7,4, am Waldrand (✋ Markierung ist schwer erkennbar), biegen Sie scharf rechts hinunter in ein Tal, in dem Sie auf ein Stück des alten Grenzzaunes und den Kolonnenweg treffen. Diesem folgen Sie zur Straße nach Mödlareuth und den Ruinen einer Mühle und eines Sägewerkes, die 1953 zur Grenzsicherung abgerissen wurden. Die dazugehörigen Wohnhäuser zerstörte man 1976. Ein Stück weiter finden Sie das Grenzmuseum von Mödlareuth, welches die Geschichte des geteilten Dorfes wiedergibt. Hier lädt eine Gaststätte zum Rasten ein ❷.

Mödlareuth ✕ ⌘

✕ Gasthaus Zum Grenzgänger, Mödlareuth 17, 07926 Gefell (Thüringen), ☏ 03 66 49/792 56, Di-So 11:00-18:00

⌘ Deutsch-Deutsches Grenzmuseum Mödlareuth, Mödlareuth 13, 95183 Töpen (Bayern), ☏ 092 95/13 34, www.museum-moedlareuth.de, info@museum-moedlareuth.de, Di-So 9:00-17:00, Eintritt € 3

Am Rande des Ortes laufen Sie links der Straße über einen Wiesenweg den Hang hinauf, biegen für 130 m kurz rechts in einen Feldweg ab und verlassen diesen vor einem Wäldchen nach links. An der kommenden Abzweigung trennt sich der Kammweg vom Saale-Orla-Wanderweg, hält sich rechts und gelangt so zurück zur Straße und zum kleinen Örtchen Gebersreuth. 150 m hinter dem Ortseingang führt Sie der Weg nach rechts und vor einem lang gezogenen Haus nach links den Hang hinauf ins Feld. 2 km später erreichen Sie den Drei-Freistaaten-Stein ❸, der gut sichtbar 100 m vom Kammweg entfernt liegt. Dieser markiert die Ländergrenzen der Freistaaten Thüringen, Bayern und Sachsen. Bei den Aufschriften erkennen Sie FR für das Fürstentum Reußen, KB für das Königreich Bayern und KS für das Königreich Sachsen.

Bei km 15 queren Sie die Straße zwischen Münchenreuth und Grobau und wandern weiter am Grünen Band Deutschlands auf dem Kolonnenweg, vorbei an der Wüstung Stöckigt, deren Gehöfte 1959 ebenfalls aus „Sicherheitsgründen" abgerissen wurden. Nach 1,7 km treffen Sie auf die Straße zwischen Grobau und Gutenfürst und später auf die Bahntrasse nach Hof. Hier laufen Sie rechts der Gleisanlagen entlang. Der Bahnhof Gutenfürst war von 1945 bis 1990 Grenzbahnhof an der innerdeutschen Grenze ❹. Noch heute zeugen viele leer stehende kasernenartige Häuser davon.

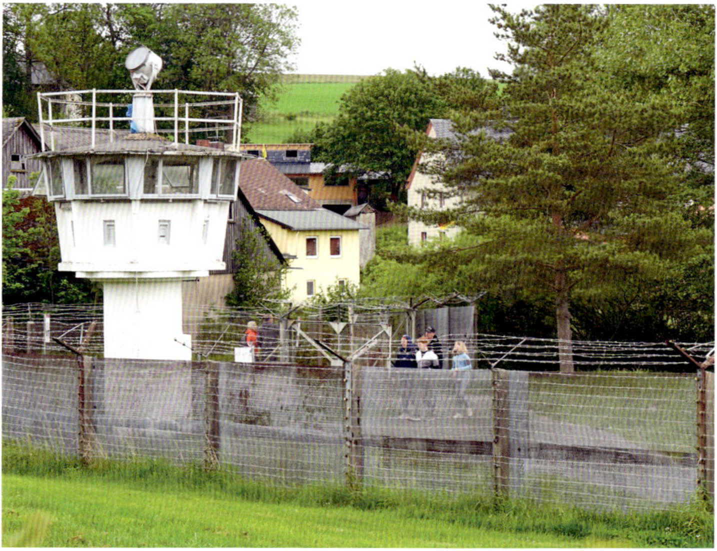

Deutsch-Deutsches Grenzmuseum Mödlareuth

Gutenfürst

Gutenfürst ist eine Bedarfshaltestelle, bei der Sie nur von und nach Hof ein- und aussteigen können, wochentags alle 2 Stunden nach und aus Hof (Fahrzeit 11 Min.).

Es besteht die Möglichkeit eines Rufbusses nach Süßebach, zur Sicherheit einen Tag vorher unter der Rufnummer ☏ 037 44/194 49 bestellen (Sie können es wochentags auch bis zu 2 Stunden vorab versuchen), www.vogtlandauskunft.de, www.bahn.de, Mo-Fr 7:00-13:00, Sa & So 8:00-13:00.

Hinter der Unterführung biegen Sie nach links in die Bahnhofstraße ab, laufen hinunter zur Hauptstraße, überqueren diese und gelangen zu einigen Motorradklubhäuschen und dem Dorfteich. 1 km weiter queren Sie die Straße zwischen Kemnitz und Krebes, passieren ein Gehöft und erreichen den Kemnitzbach. Vor dem Bach biegen Sie rechts ab und kommen nach 1,6 km durch eine Wald- und Auenlandschaft zur Kienmühle. Der 13,5 km lange Kemnitzbach begünstigte durch sein Gefälle von 207 Höhenmetern die Ansiedlung von sechs Mühlen. Zu bewundern ist die Kienmühle, die von 1683 bis 1952 in Betrieb war ❺.

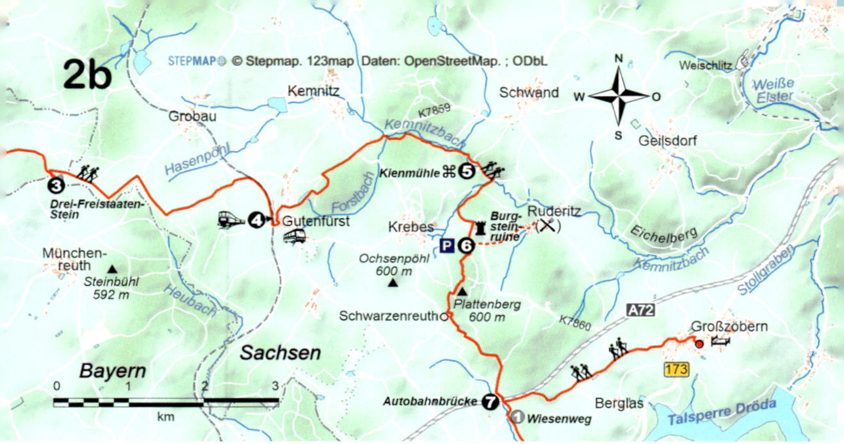

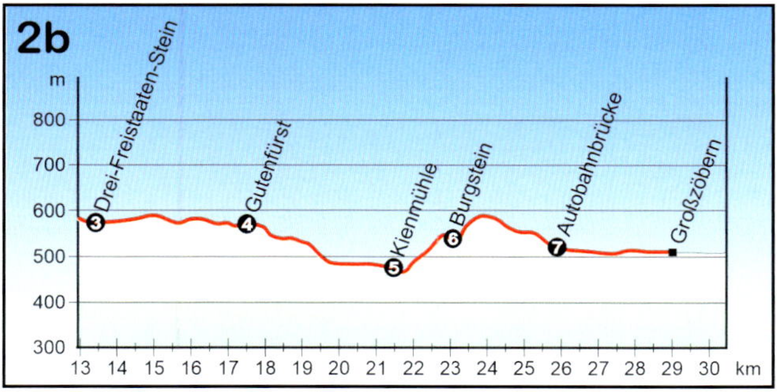

Hinter dieser folgen Sie für über 300 m weiter dem Bachlauf, überqueren ihn und laufen den Hang hinauf. Nach 1,2 km erreichen Sie die Burgsteinruinen von Krebes, die zu zwei ehemaligen Kirchen aus dem 15. Jahrhundert gehören. 200 m weiter kommen Sie an den Wanderparkplatz ❻.

↳ Wenn Sie der Straße am Parkplatz für 1,5 km nach Rudersitz folgen, kommen Sie zu einem Gasthof.

(✕) Gasthof Rudersitz, Ortsstraße 8, 08538 Rudersitz, ☏ 03 74 33/187 05, www.gasthof-ruderitz.de, nur an Wochenenden geöffnet, Fr ab 17:00, Sa & So ab 10:00

Vom Parkplatz wandern Sie neben der kleinen Schutzhütte zu einem Haus und biegen dann nach rechts in einen Weg am Waldrand ein. 100 m weiter zweigen Sie an einer Weggabelung schräg rechts ab und laufen einen Waldweg aufwärts. An einer Steintreppe entdecken Sie auch das Zeichen des Jakobsweges, der hier ein Stück mit dem Kammweg zusammen verläuft. Oben angelangt stoßen Sie auf eine Lichtung mit einem kleinen Häuschen. Sie stehen auf dem Plattenberg. Hier wurden Eisen- und Kupfererze abgebaut, die sich in Felsspalten fanden. Nahe bei Ruderitz gelegene frühzeitliche Hügelgräber deuten darauf hin, dass die Erze bereits zur Bronze- und Eisenzeit gefördert wurden.

Bald darauf erreichen Sie die kleine Ansiedlung Schwarzenreuth, die Sie links umwandern. Anschließend gehen Sie am Waldrand zur A72 ❼.

Sofern Sie zum Übernachten nach Großzöbern laufen wollen, biegen Sie hinter der Autobahnbrücke links auf eine asphaltierte Straße ab und erreichen nach 3 km geradeaus Großzöbern. Kurz vor dem Ort stoßen Sie auf eine kaum befahrene Landstraße, der Sie in den Ort folgen. Im Dorf begleitet Sie die Krebeser Straße zur Plauener Landstraße. Hier biegen Sie rechts ein und gelangen nach 50 m links zur Pension Anders.

Biwak auf dem Burgstein Wanderparkplatz

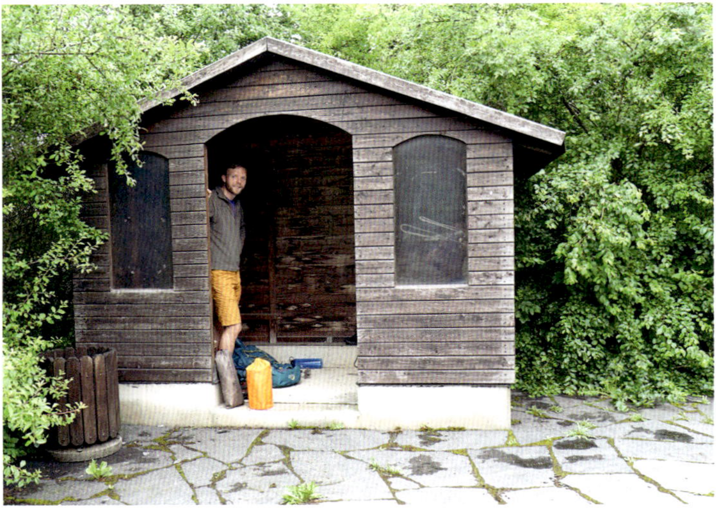

Großzöbern

- Pension Anders, Plauener Landstraße 29, 08538 Großzöbern, ☎ 03 74 36/842 43, 01 70/961 11 66 oder 01 51/56 14 90 87, www.pension-anders.de, pension-anders@web.de, EZ ab € 25, DZ ab € 44, Frühstück € 6, Abholung vom Kammweg auf Anfrage, Abendessen durch Pizzaservice, ➲ am Weg
- ♦ Zimmervermietung Grimm, Plauener Landstraße 14, 08538 Großzöbern, ☎ 03 74 33/25 21, 01 70/757 17 42, dietmar.grimm@web.de, EZ ab € 35, DZ ab € 50 inklusive Frühstück, ➲ direkt am Weg

Großzöbern gehört zu den ältesten Gemeinden im Vogtlandkreis und wurde 1122 erstmalig in einer Stiftungsurkunde unter dem slawischen Namen Zobi erwähnt.

3. Etappe: Großzöbern – Eichigt – Süßebach

➲ 23,4 km, ⌛ 7 Std. 30 Min., ↑ 419 m, ↓ 386 m, ⇧ 430-626 m

0,0 km	⇧ 510 m	Großzöbern, Pension Anders
3,3 km	⇧ 509 m	Abzweigung auf Wiesenweg
5,6 km	⇧ 436 m	Staudamm Feilebach
9,4 km	⇧ 443 m	Bobenneukirchen, Rastplatz und Gaststätte
12,0 km	⇧ 550 m	Waldkreuzung
14,7 km	⇧ 598 m	Rastplatz An der Kastanie
17,5 km	⇧ 597 m	Tiefenbrunn, Obertriebeler Straße
20,8 km	⇧ 578 m	Obereichigt, Dorfstraße
23,4 km	⇧ 546 m	Süßebach, Landgasthof

Heute führt Sie der Kammweg vorbei an dem Feilebach- oder Drödastausee nach Obereichigt. Dabei wechseln sich Wälder und Wiesen ab. Auch auf dieser Strecke müssen Sie bis zur Unterkunft in Süßebach ca. 2,5 km mehr einplanen.

Sie laufen aus Großzöbern auf dem bekannten Weg zurück zur Autobahnbrücke. Von hier nehmen Sie die asphaltierte Straße ins Tal und biegen vor dem Weibigbach nach links in einen Wiesenweg ab ❶. Über eine Kuppe und die B173, die Plauen und Hof verbindet, wandern Sie zum Feilebach- oder Drödastausee ❷.

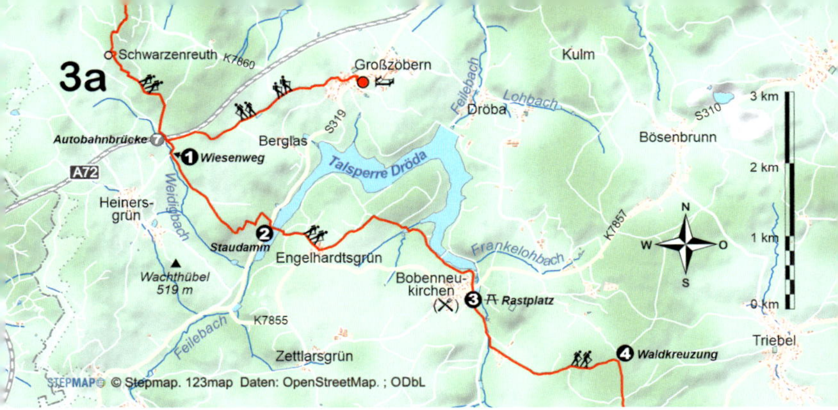

Der aufgestaute See dient der Trinkwasserversorgung und der Stromerzeugung. Zwei Orte mussten vor der Inbetriebnahme 1971 weichen. Da das Einzugsgebiet des Trinkwassers bis nach Bayern reicht, setzte man während des Kalten Krieges Fische in „Indikationsteiche" aus, die dem See vorgeschoben sind. Damit sollten etwaige, vom früheren Klassenfeind erzeugte Verunreinigungen des Wassers frühzeitig entdeckt werden.

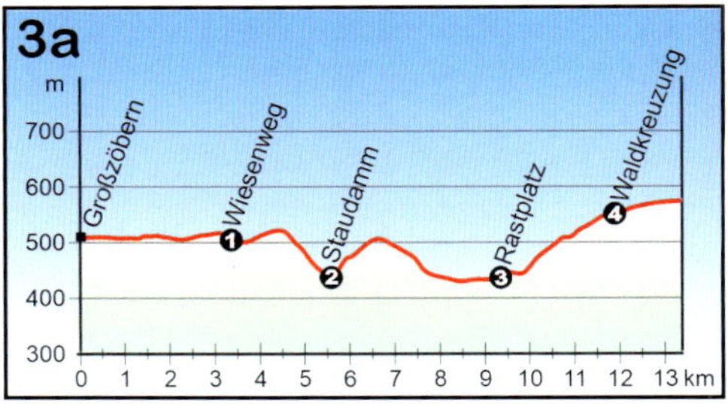

Auf der anderen Seeseite steigen Sie nach Engelhardtsgrün auf und knicken im Ort links Richtung See ab. 2 km später stoßen Sie erneut auf den Stausee und wandern weiter bis Bobenneukirchen. An dem Rastplatz ⛼ mit Gaststätte können Sie sich ausruhen ❸. Der Ort gehörte früher zum Bistum Bamberg und war 1296 Treffpunkt der Vögte von Gera, Weida und Plauen, die hier einen Familienvertrag abschlossen.

✕ Gasthof Zum goldenen Löwen, Hauptstraße 8, 08606 Bobenneukirchen, ☏ 03 74 34/803 82, Di-Fr 8:00-11:00 & 18:00-22:00, Sa 17:00-23:00, So 10:00-14:30 & 17:00-22:00, ⊙

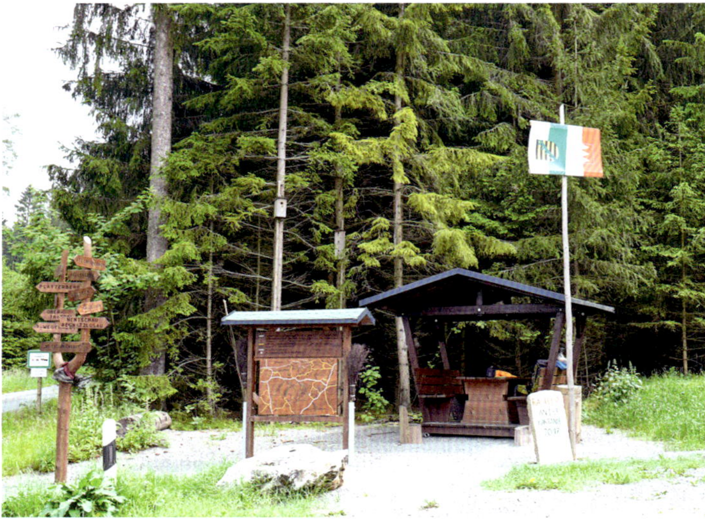

Rastplatz An der Kastanie

Vom Rastplatz laufen Sie, vorbei an einem Anglerheim, 500 m auf der Landstraße Richtung Burkhardtsgrün und zweigen bei einer Bushaltestelle links zur Siedlung Höflein ab. Hier wandern Sie geradeaus in den Nadelwald, bis Sie auf eine große Waldkreuzung stoßen ❹.

Dort biegen Sie nach rechts und erreichen 2 km weiter die Siedlung Haselrain. 200 m folgen Sie der Oelnitzer Straße zum Ortseingang und knicken an diesem in einen asphaltierten Weg links ab. 700 m später finden Sie den Rastplatz An der Kastanie ❺.

Über den Platzerberg wandern Sie auf Waldwegen und auf einer Waldstraße in Richtung Tiefenbrunn und entdecken, bevor Sie auf die Possecker Landstraße stoßen, einen weißen Stein (km 16,6). Bei diesem handelt es sich wahrscheinlich um einen Sühnestein für eine Frau, die im 17. Jahrhundert wegen Kindsmordes hingerichtet wurde. Vorbei an einem geschotterten Parkplatz folgen Sie 100 m der Possecker Landstraße und biegen dann nach links in den Wald ab.

☞ Die Abzweigung ist schwer zu entdecken.

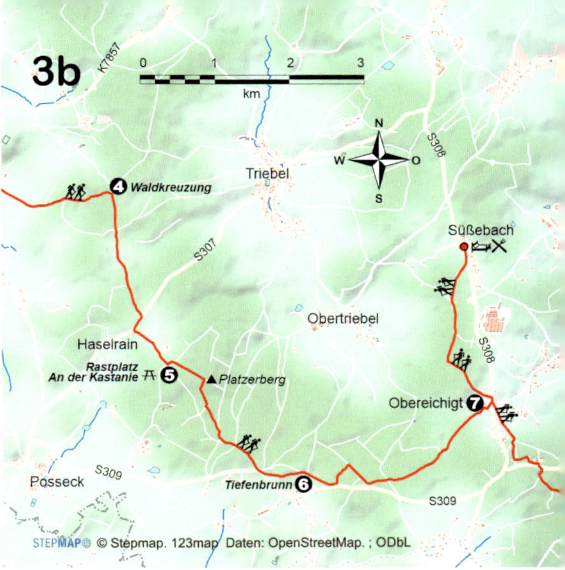

600 m weiter erreichen Sie Tiefenbrunn ❻. Am Waldrand passieren Sie den Ort und laufen im Wald unweit der Landstraße weiter nach Obereichigt ❼.

In Untereichigt grenzten im 12. Jahrhundert die drei Bistümer Bamberg, Regensburg und Naumburg aneinander. Die Steinstelen, die aus den Materialien geschaffen wurden, aus denen der jeweilige Dom besteht, erinnern daran.

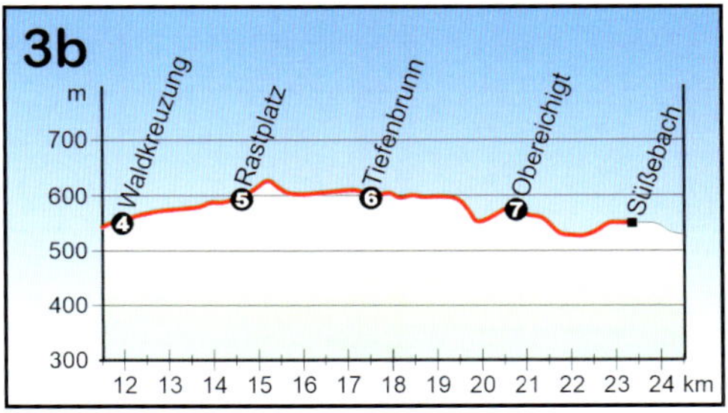

Zum Landgasthof Süßebach orientieren Sie sich an der gelben Wegmarkierung des Triebler Rundweges und wandern vom Dorfplatz 60 m auf der Hauptstraße Richtung Süßebach, zweigen dann aber zum Wald hin nach links ab. In einiger Entfernung zur Landstraße laufen Sie im Forst bis an den Ortsanfang von Süßebach. 200 m weiter finden Sie den Gasthof direkt an der Landstraße.

Süßebach

Landgasthof Süßebach, Hauptstraße 9, 08626 Süßebach, ☏ 03 74 30/637 05, www.landgasthof-suessebach.de, info@landgasthof-suessebach.de, EZ € 32, DZ € 55, inklusive Frühstück, ➲ am Kammweg

Es besteht die Möglichkeit eines Rufbusses zu den Bahnhöfen Gutenfürst, Oelsnitz und Hundsgrün, zur Sicherheit einen Tag vorher unter der Rufnummer ☏ 037 44/194 49 bestellen (Sie können es wochentags auch bis zu 2 Stunden vorab versuchen), www.vogtlandauskunft.de, www.bahn.de, Mo-Fr 7:00-13:00, Sa & So 8:00-13:00.

Zwischen Eichigt und Süßebach liegt das zur Dennree Gruppe gehörende und von Bioland zertifizierte Hofgut Eichigt. Mit 4.000 ha zählt die frühere LPG zu den größten Biohöfen Deutschlands.

4. Etappe: Süßebach – Schöneck

24,3, 8 Std. 30 Min., ↑ 632 m, ↓ 420 m, ⇧ 437-760 m

0,0 km	⇧ 546 m	Süßebach, Landgasthof
2,5 km	⇧ 578 m	Eichigt, Dorfstraße
4,0 km	⇧ 584 m	Teich/Albertholzbach
6,4 km	⇧ 567 m	Alte Schule, Erich-Ohser-Gedenktafel
8,0 km	⇧ 501 m	Kreuzung Birkenweg u. Zinnbachstraße
10,6 km	⇧ 453 m	Brücke über den Tetterweinbach
11,9 km	⇧ 470 m	Adorf, Torhaus/Perlmuttermuseum BANK ⌘
18,0 km	⇧ 529 m	Wohlbach, Spielplatz
23,7 km	⇧ 745 m	Bahndamm
24,3 km	⇧ 749 m	Schöneck, Touristeninformation BANK

Die Etappe leitet Sie zunächst durch das Tetterweinbachtal nach Adorf. Dort können Sie im Perlmuttermuseum die vielfältigen Verarbeitungsmöglichkeiten der Muscheln bewundern. Weiter geht es über einen Anstieg von 300 Höhenmetern nach Schöneck. Sofern Sie das Zentrum von Schöneck besichtigen möchten, müssen Sie mit zusätzlichen 2 km rechnen.

Von Süßebach wandern Sie wieder zurück nach Obereichigt und nehmen schräg hinter dem Dorfplatz den Wiesenweg. Im Wald laufen Sie zur Landstraße S309 und überqueren diese an einem Grundstück mit Lagerhallen. Auf der anderen Seite der Straße befindet sich ein Teich mit Rastplatz ❶.

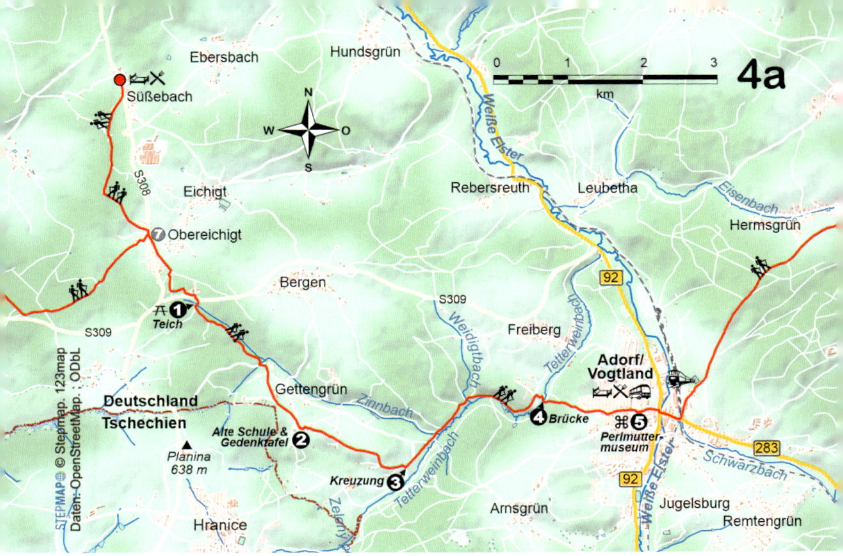

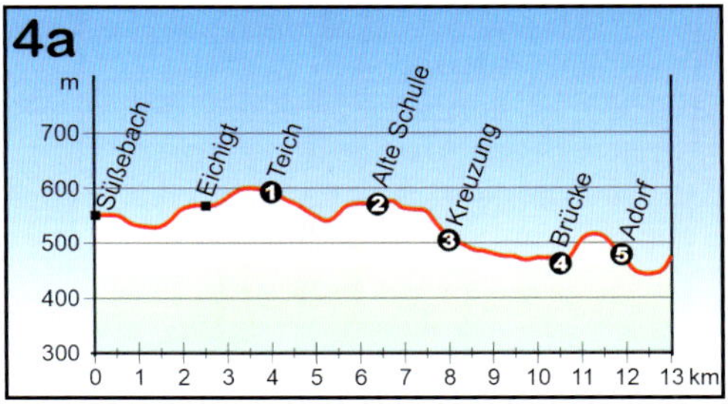

In der Nähe des Bachlaufes laufen Sie das Tal hinunter und stoßen bei km 2,7 auf die Dorfstraße von Gettengrün. Am Dorfeingang biegen Sie schräg rechts in den Höhenweg ein und erreichen nach 1,1 km die Alte Schule ❷. Vor dieser befindet sich ein Gedenkstein an den Karikaturisten Erich Ohser.

Erich Ohser wurde 1903 in Untergettengrün geboren und verbrachte hier sechs Jahre seines Lebens. Er bebilderte die Gedichtbände von Erich Kästner. Nach der Machtübernahme der NSDAP konnte Ohser nur noch unter dem Pseudonym e.o.plauen (seine Initialen und der Name seiner Heimatstadt) arbeiten. Für die Berliner Illustrierten Zeitung zeichnete er die Bildergeschichte „Vater und Sohn". 1944 von einem Freund wegen seiner ablehnenden Haltung gegenüber dem Naziregime denunziert, erhängte er sich, bevor es zu einem Prozess kam, in seiner Gefängniszelle.

Weiter wandern Sie auf dem Bergkamm entlang und können den Ausblick auf die umliegenden Wälder genießen, bis Sie hinab ins Tetterweinbachtal steigen und auf eine Landstraße treffen ❸. Diese nehmen Sie 200 m nach links und biegen dann in einen Zugangsweg rechts zu einem Häuschen ein, welches Sie passieren. Weiter laufen Sie das renaturierte Tal entlang und gelangen zu einer kleinen Siedlung. Bei km 7,8 biegen Sie rechts in einen Privatweg ab und gehen um das untere Haus herum zur Brücke über den Tetterweinbach ❹. Auf der anderen Seite des Baches steigen Sie den Hügel hinauf und erreichen den Ortsrand von Adorf. Sie nehmen das Wolfsgäßchen hinunter und stoßen 500 m später auf die Friedhofskirche. Gegenüber finden Sie hinter dem 1778 nach einem Stadtbrand wieder neu aufgebauten Freiberger Torhaus das Perlmuttermuseum ❺.

Adorf

BANK ✝ ⌘

Pension Victoria, Bahnhofstraße 2, 08626 Adorf, ☏ 03 74 23/20 46, EZ € 30, DZ € 50, inklusive Frühstück, ➲ direkt am Kammweg, Nähe Bahnhof

⌘ Perlmutter- und Heimatmuseum, Freiberger Straße 8, 08626 Adorf, ☏ 03 74 23/22 47, www.museum-adorf.de, museum@adorf-vogtland.de, Di-Fr 9:00-12:00 und 13:00-17:00, Sa 10:00-12:00 und 13:00-16:00, So 13:00-16:00, Eintritt € 3, ⊙

Perlmutter- und Heimatmuseum

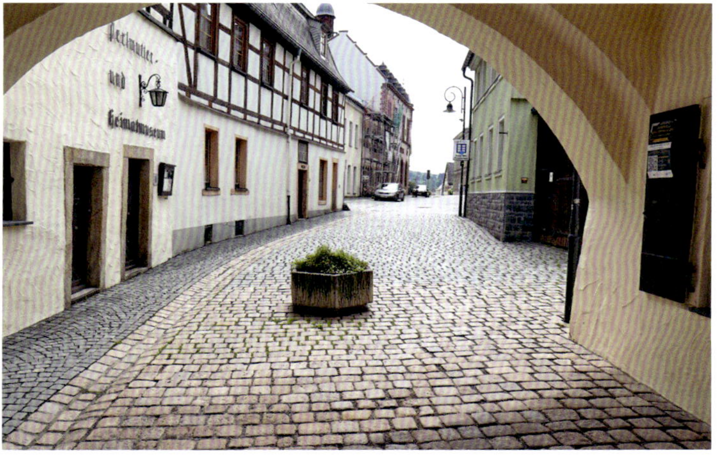

Es besteht eine stündliche Anbindung nach Zwickau.
Alle 2 Stunden fährt ein Bus vom Bahnhof nach Schöneck.

Adorf war früher **die** deutsche Perlmutterstadt und beschäftigte fast 1.000 Menschen in deren Verwertung. Die Perlen selbst mussten die Fischer am kurfürstlichen sächsischen Hof abliefern. Weiterverarbeitet wurden die Muschelschalen: In dem Museum können Sie 800 Exponate davon bewundern. Die seltenen und geschützten Muscheln versucht man in den Bach- und Flussläufen des Vogtlandes zu erhalten und zu vermehren. Dies ist komplex, denn die Larven der Tierchen benötigen eine Bachforelle als Wirtsfisch, in deren Kiemen sie monatelang leben, um sich schließlich ins Bachbett fallen zu lassen und sich dort einzugraben.

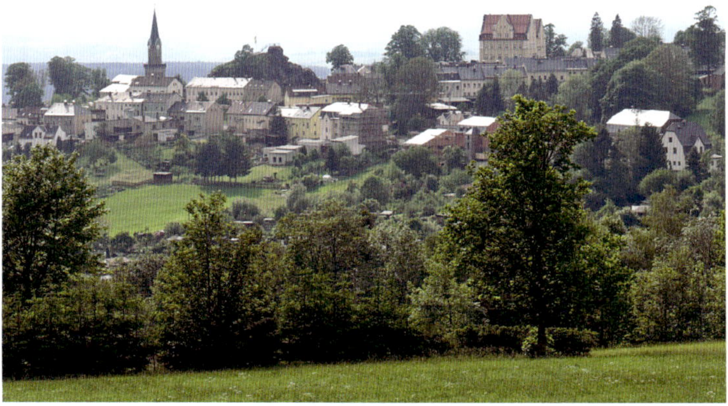

Weiter Richtung Schöneck

Sie gehen die Straße Graben hinunter zum Flusstal, überqueren die Elsterstraße und die Weiße Elster, unterqueren die Bahntrasse und zweigen links zum Bahnhof ab. An einer Gabelung halten Sie sich rechts und steigen den Leitersbergweg hoch. Auf der ersten Anhöhe über Adorf laufen Sie nach links auf einem von Birken gesäumten Schotterweg den Berg hinauf. Hinter einer Bergkuppe sehen Sie Hermsgrün im Tal liegen. Sie bleiben jedoch auf einem Weg oberhalb des Ortes und wandern weiter nach Wohlbach ❻.

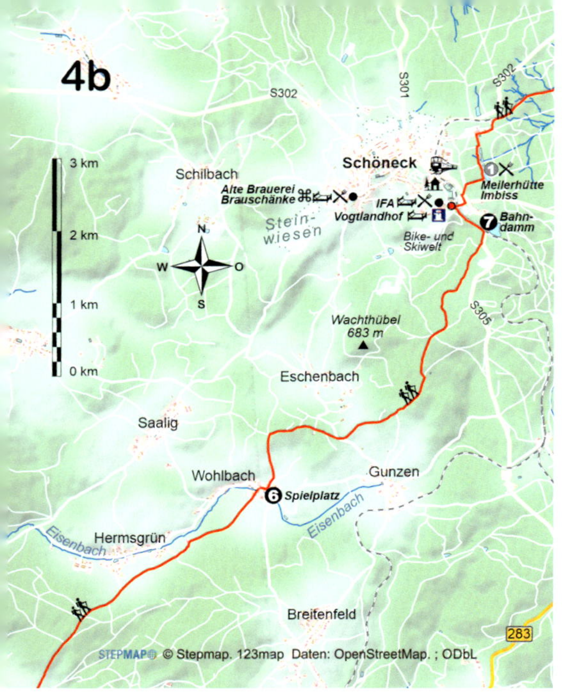

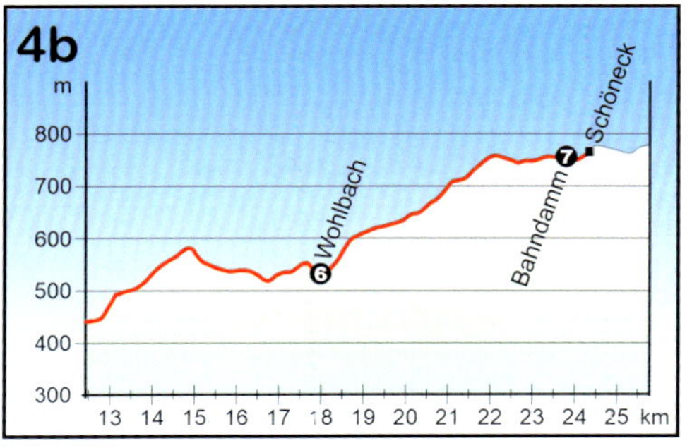

Hinter dem Spielplatz nehmen Sie die kleine, asphaltierte Straße den Hang aufwärts. Bei km 16,3 stoßen Sie auf eine große Waldkreuzung, biegen nach rechts ab und überqueren 1 km später die Landstraße zwischen Eschenbach und Gunzen. Auf der anderen Seite nehmen Sie den Feldweg weiter Richtung Schöneck den Berg hinauf. Auf der Bergkuppe können Sie sogenannte „Farblöcher“ entdecken: Nach dem Ende des Eisenerzabbaus wurde hier ein lehmartiger Ton (Bolus) gewonnen, der Zimmerleuten als Farbmehl zur Markierung von Balken diente. 1,6 km später stoßen Sie auf die Landstraße nach Schöneck und 200 m weiter auf den Damm der von Klingenthal kommenden Bahnlinie ❼. Auf einem schmalen Pfad neben der Bahntrasse laufen Sie bis Schöneck und zu der in der Nähe von Skiparkplätzen gelegenen Touristeninformation.

Schöneck

Touristeninformation Schöneck, Hohe Reuth 9, 08261 Schöneck, 03 74 64/33 00 11, www.schoeneck-vogtland.de, info@schoeneck-vogtland.de, Mo-Fr 9:30-17:00, Sa & So 9:30-14:30

IFA Schöneck Hotel & Ferienpark, Hohe Reuth 5, 08261 Schöneck, 03 74 64/30, www.ifa-schoeneck-hotel.com, info.vogtland@ifahotels.com, EZ ab € 47, DZ ab € 94, inklusive Frühstück, 200 m vom Kammweg

Brauereimuseum – Alte Brauerei Brauschänke, Klingerstraße 17, 08261 Schöneck, 03 74 64/882 32, www.schoeneck-pension.de, info@schoeneck-pension.de, EZ ab € 45, DZ ab € 65, inklusive Frühstück, Museum Fr-Mi 11:00-14:00 und ab 17:00, Do Ruhetag, ca. 2 km vom Kammweg entfernt, im Ort an der Kirche gelegen

Pension Vogtlandhof, Familie Jentsch, Hohe Reuth 3, 08261 Schöneck, 03 74 64/883 45 oder 839 46, www.pension-vogtlandhof.de, pension-vogtlandhof@t-online.de, Apartments ab € 35, Frühstück € 8, 400 m vom Kammweg unter dem IFA Schöneck Hotel gelegen

Jugendherberge Schöneck, Am Stadtpark 52, 08261 Schöneck, 03 74 64/81 06, www.schoeneck.jugendherberge.de, schoeneck@jugendherberge.de, Zimmer mit Dusche pro Person ab € 32,50 (+ € 3,50 Einzelnachtzuschlag), inklusive Frühstück, 400 m vom Kammweg, laufen Sie vom IFA Schöneck Hotel am Sportplatz vorbei nach Norden.

Alle 2 Stunden besteht eine direkte Verbindung nach Zwickau und stündlich nach Muldenberg, Floßplatz (hier müssen Sie jedoch ein Stück zur Talsperre und dem Kammweg zurücklaufen).

Laut einer Sage hat Schöneck seinen Namen durch einen jungen, armen Köhler erhalten, der seinem Landvogt das Leben vor einem Bären rettete. Als Dank durfte sich der Bursche zusammen mit seiner Geliebten ein Stück Land aussuchen. Eines Tages entdeckten die beiden die Bergkuppe und sollen „das ist eine schöne Eck“ ausgerufen haben. Und so hat man von dem Ort auch einen wunderbaren Blick in das Vogtland. Tatsächlich gehörte die Burg Schöneck und der Ort ursprünglich zum Besitz der Vögte von Plauen, wechselte später aber oft die Eigentümer. Strategisch wichtig im Grenzgebiet von Sachsen und Böhmen gelegen wurden Ort und Burg durch Kriege und Brände häufig zerstört. Geflüchtete Protestanten aus Böhmen, die sich hier niederließen, brachten das Handwerk des Geigenbauens mit. Und so wird der Ort auch dem Musikwinkel zugezählt.

In der Nähe der Burgruine treffen Sie das erste Mal während Ihrer Wanderung auf eine historische Triangulationssäule, die der Vermessung des Königreichs Sachsens diente. Als – mit über 700 m – höchstgelegene Stadt des Vogtlandes und staatlich anerkannter Luftkurort ist Schöneck heute vom Tourismus geprägt.

5. Etappe: Schöneck – Mühlleithen

14,9 km, 4 Std. 30 Min., ↑ 351 m, ↓ 253 m, ⇧ 706-903 m

0,0 km	⇧ 749 m	Schöneck, Touristeninformation
0,8 km	⇧ 765 m	Imbiss Meilerhütte
5,8 km	⇧ 712 m	Muldenberg, MuldenbergTalsperre
8,2 km	⇧ 737 m	Sauteich
10,7 km	⇧ 883 m	Aussichtsplattform Schneckenstein-Halde
13,7 km	⇧ 887 m	Siedlung Winselburg
14,9 km	⇧ 850 m	Mühlleithen, Bushaltestelle

Auf dieser Etappe führt Sie der Kammweg vorbei an der Muldenbergtalsperre und dem Schneckenstein meist im Wald nach Mühlleithen. Im vogtländisch-böhmischen Mineralienzentrum können Sie sich dabei über den Bergbau in der Region informieren.

Von der Touristeninformation aus queren Sie die Bahntrasse, biegen hinter einem Parkplatz links ab, wechseln auf die andere Seite der Klingenthaler Straße und erreichen über einen Waldweg den Imbiss Meilerhütte an einem kleinen Waldsee ❶.

Imbiss-Gaststätte Meilerhütte, Klingenthaler Straße 19, 08261 Schöneck,
01 72/354 33 62, www.meiler-schöneck.de, info@meiler-schoeneck.de,
Mi-So 10:30-17:00

Durch den Wald gehen Sie weiter zu einem Industriegebiet und treffen dahinter wieder auf die Bahnlinie. Parallel zu ihr wandern Sie bis zur Talsperre Muldenberg ❷.

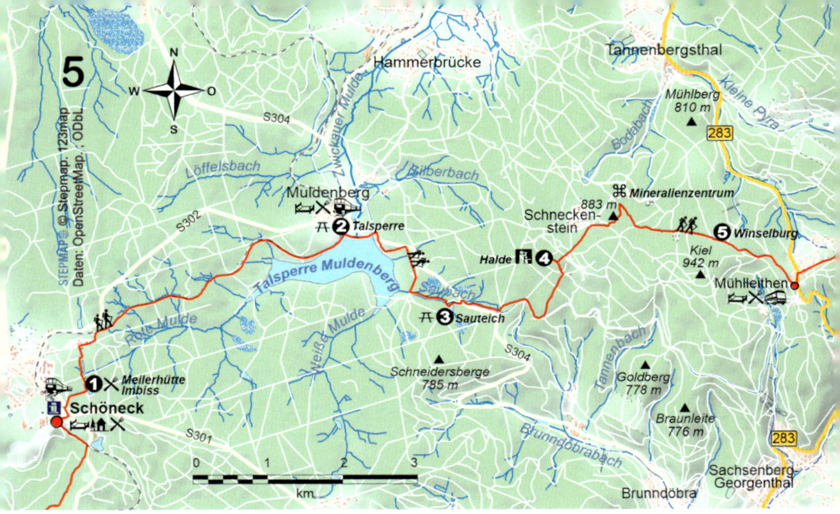

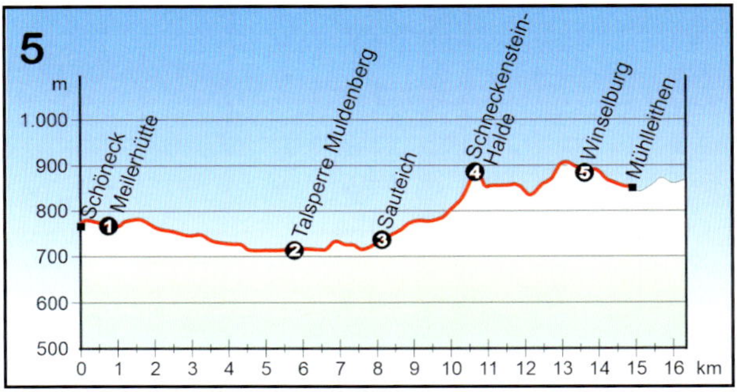

Muldenberg

Hotel & Gasthof Flößerstube, Klingenthaler Str. 3, 08223 Muldenberg,
☎ 03 74 65/67 64, www.floesserstube.de, info@floesserstube.de, EZ ab € 55, DZ ab € 75 (+ € 10 Einzelnachtzuschlag), inklusive Frühstück, ➲ 500 m vom Kammweg, unterhalb der Talsperre, ⊙

♦ Hotel und Restaurant Haus Muldenberg, Am Bahnhof 2, 08223 Muldenberg,
☎ 03 74 65/62 07, www.hausmuldenberg.de, info@hausmuldenberg.de, EZ ab € 45, DZ ab € 70 (+ € 5 Einzelnachtzuschlag), inklusive Frühstück, ➲ 1,5 km vom Kammweg, am Bahnhof

Alle 2 Stunden besteht eine direkte Verbindung nach Zwickau und stündlich nach Muldenberg, Floßplatz.

Die Talsperre versorgt die umliegenden Orte mit Trinkwasser und wurde im Jahr 1925 fertiggestellt. Beim Versenken von Munition kam es im Mai 1945 zu einer Explosion, bei der zwei US-Soldaten sowie elf deutsche Kriegsgefangene starben und der See leerlief.

Talsperre Muldenberg

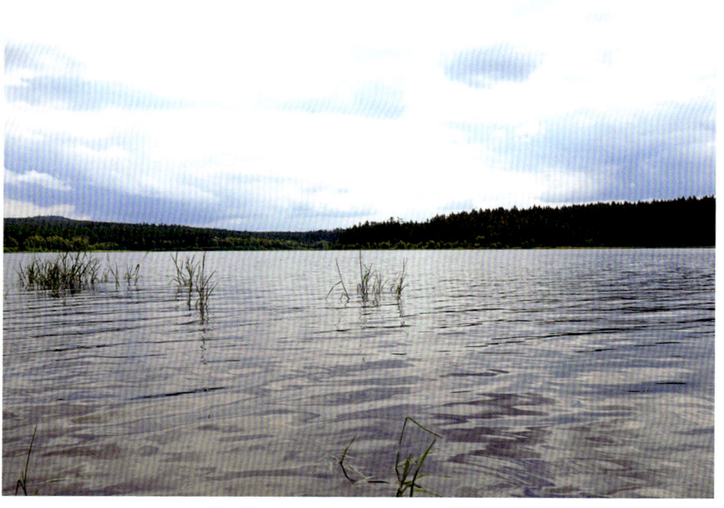

Über die Staumauer gelangen Sie auf die andere Seite und wandern auf Waldwegen zum Sauteich, welcher ein Vorbecken der Talsperre ist ❸.

200 m weiter überqueren Sie die Landstraße nach Klingenthal. Auf einem Waldpfad parallel zu dieser erreichen Sie nach 500 m einen Parkplatz mit einer Imbissbude. Mit ein bisschen Glück hat diese geöffnet.

Am Wegesrand entdecken Sie Floßgrabensysteme, über die im 16. und 17. Jahrhundert Brennholz bis nach Halle und Leipzig geflößt wurde. Vom Parkplatz steigen Sie 100 Höhenmeter zur Aussichtsplattform Schneckenstein-Halde auf ❹.

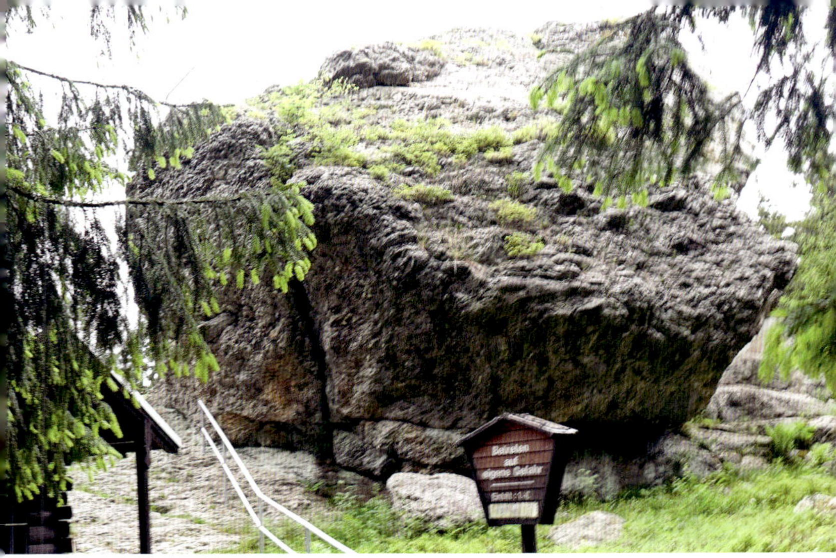

Topasfelsen am Schneckenstein

Im Gebiet um den Schneckenstein wurde in zwei Gruben 1947-1957 durch die sowjetisch-deutsche Wismut AG Uran abgebaut. Das Bergbauunternehmen gehörte bis 1990 zu den vier größten Produzenten von Uran weltweit und lieferte lange Jahre die Rohstoffbasis für die sowjetische Atomindustrie. Die eingelagerten Rückstände der Uranerz-Aufbereitung stellen heute noch ein Umweltproblem dar, da die enthaltenen Schadstoffe durch Erosion in das Grundwasser gelangen können. Seit 2003 werden darum die Altstandorte durch den Bund und den Freistaat Sachsen bis 2035 in Höhe von insgesamt € 445 Mio. saniert.

Vom Gipfel der Abraumhalde wandern Sie hinunter in Richtung Siedlung Schneckenstein, biegen aber 650 m später rechts in den Wald zum gleichnamigen Felsen ab.

Der Legende nach vergnügten sich Nixen mit Reigenspielen um den Brocken. Als ein böser Dämon die Zauberwesen bemerkte, spaltete er diesen und zog die Nixen als Topase in den Stein. Diese wurden bis ins 19. Jahrhundert abgebaut und zieren heute die englische Königskrone und das Grüne Gewölbe in Dresden. 1937 stellte man den zu einem Drittel geschrumpften und in Europa einzigen Topasfelsen unter Schutz.

Weiter wandern Sie den Waldpfad hinunter und stoßen auf das Gelände des vogtländisch-böhmischen Mineralienzentrums, in dem Sie sich über den Bergbau informieren können.

⌘ Museumsverein Schneckenstein e. V., Zum Schneckenstein 44, 08262 Muldenhammer, ☏ 03 74 65/405 00, 💻 www.schneckenstein.com, ✉ steiger@schneckenstein.de, Di-So 10:00-17:00, Eintritt € 5

Der Kammweg biegt jedoch vor diesem rechts ab und führt Sie zur Tannenbergpinge, in der bereits im 15. Jahrhundert Zinn oberirdisch abgebaut wurde. 500 m später erreichen Sie die Siedlung Winselburg ❺ und nach einem weiteren Kilometer Mühlleithen. Beide Orte verdanken Ihre Entstehung dem Zinnbergbau. Oberhalb von Mühlleithen treffen Sie auf eine Bushaltestelle.

Mühlleithen

Ferienhotel-Mühlleithen, Waldstraße 4, 08248 Mühlleithen, ☏ 03 74 65/22 01, 💻 www.ferienhotel-muehlleithen.de, ✉ info@ferienhotel-muehlleithen.de, EZ ab € 65, DZ ab € 90, inklusive Frühstück, ➲ direkt am Kammweg, ⊙

Blick auf Mühlleithen

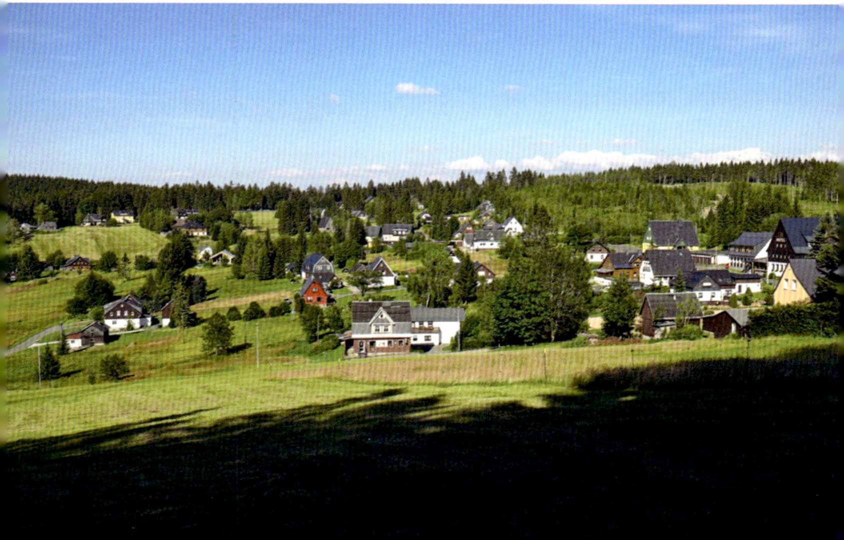

Waldhotel Vogtland, Floßgrabenweg 1, 08248 Mühlleithen, ☏ 03 74 65/456-0, www.waldhotel-vogtland.de, info@waldhotel-vogtland.de, EZ ab € 71, DZ ab € 90, inklusive Frühstück, ➲ vom Skiparkplatz südlich der Passhöhe laufen Sie 700 m den Floßgrabenweg entlang ins Tal, ⊙

Pension Skiklause, Familie Sandtfoss, Waldstraße 3, 08248 Mühlleithen, ☏ 03 74 65/24 38, www.skiklause.de, pension@skiklause.de, EZ ab € 35, DZ ab € 50, inklusive Frühstück, ➲ direkt am Kammweg

Ein Bus fährt stündlich zum Bahnhof Rodewisch.

6. Etappe: Mühlleithen – Weitersglashütte

➲ 14 km, ⌛ 4 Std. 30 Min., ↑ 376 m, ↓ 338 m, ⇧ 671-921 m

0,0 km	⇧ 850 m	Mühlleithen, Bushaltestelle
0,2 km	⇧ 845 m	Ferienhotel Mühlleithen
2,7 km	⇧ 786 m	Waldkreuzung
5,2 km	⇧ 673 m	Brücke über die Große Pyra
8,4 km	⇧ 782 m	Rastplatz und Unterstand Drei Bächle
12,5 km	⇧ 878 m	Gasthaus Talsperre
14,0 km	⇧ 887 m	Weitersglashütte (✕)

Heute wandern Sie über den Ort Morgenröthe und den Rastplatz Drei Bächle an den Ortsrand von Carlsfeld, dem Geburtsort des Bandonions und weiter nach Weitersglashütte. Die Strecke ist einfach zu laufen und führt meist durch Wald. Auf einer Wiese über Carlsfeld können Sie in der Ferne schon den Auersberg entdecken.

Von der Bushaltestelle laufen Sie nach Norden an der Hauptstraße entlang und biegen dann rechts zum Ferienhotel Mühlleithen ab ❶. Von dort gehen Sie geradeaus in den Wald und erreichen über einen breiten Schotterweg eine große Waldkreuzung mit einer Schutzhütte ❷, bei der Sie sich rechts Richtung Morgenröthe halten. Im Tal der Großen Pyra stoßen Sie auf einen alten Wasserkanal, dessen Wasser früher ein Hammerwerk und einige Mühlen in Morgenröthe antrieb. Dem Kanal folgen Sie zur Siedlung und überqueren dort den Bach ❸ und die Straße zum Sachsengrund. Auch dieser Ort wurde mit dem Zinnbergbau im 17. Jahrhundert gegründet.

Nun führt Sie der Kammweg in das Markersbachtal (auch Tannenbergtal) zum Rastplatz und Unterstand Drei Bächle ❹.

Rastplatz und Unterstand Drei Bächle

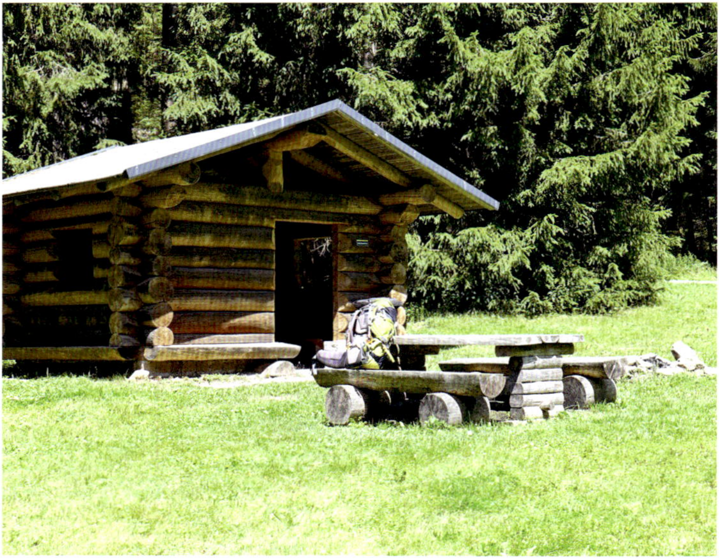

➯ Hier können Sie auf einem kleinen Rundweg die mit 230 Jahren ältesten Fichten Sachsens bewundern (ausgeschildert).

Von der Wiese wandern Sie nach links den Hang hinauf, stoßen oben auf einen geschotterten Forstweg und biegen rechts Richtung Carlsfeld ab. Sie laufen jedoch nicht in den Ort hinein, sondern passieren die Gemeinde oberhalb auf einer Skiwiese. In der Ferne können Sie im Osten schon den Auersberg erblicken.

Auch der Ursprung von Carlsfeld liegt in der Ansiedlung eines Hammerwerkes. Als dieses unrentabel wurde, besann man sich auf den Instrumentenbau. Und so gilt Carlsfeld als die Geburtsstätte des Bandonions. Hergestellt wurden die Instrumente Mitte des 19. Jahrhunderts in der örtlichen Harmonikafabrik von Carl

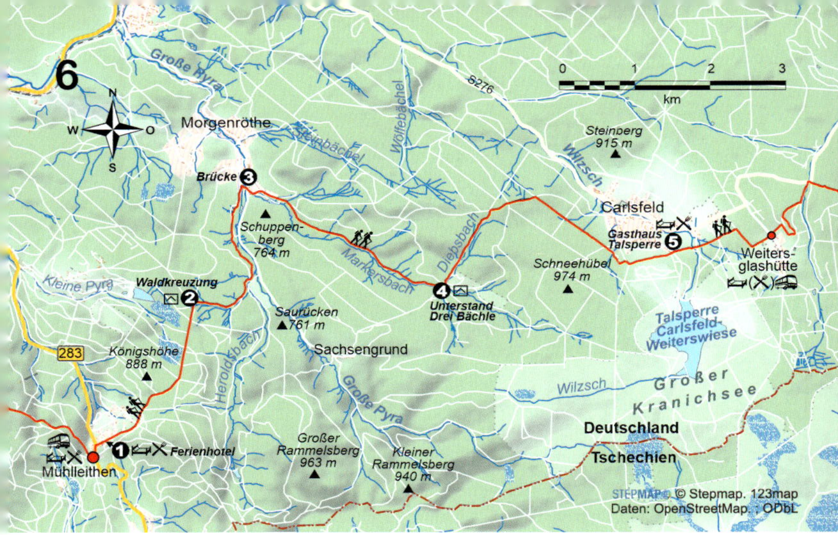

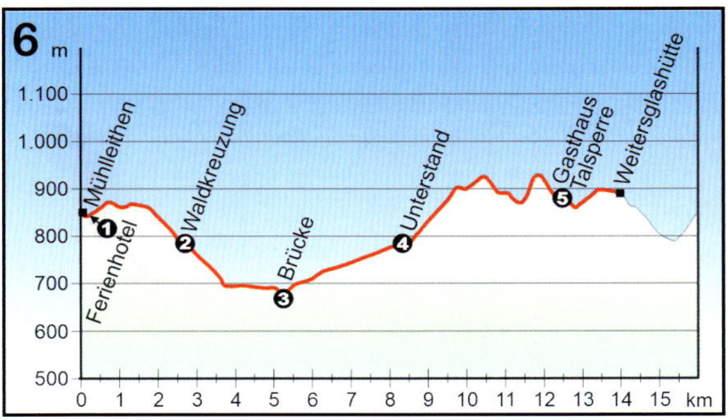

Friedrich Zimmermann. Der Werkmeister Ernst Louis Arnold übernahm die Fabrik, als Zimmermann 1864 nach Amerika auswanderte. Sein Sohn Alfred exportierte bis zur Enteignung 1948 mehr als 30.000 Bandonions nach Argentinien und Uruguay, wo sie den Tango mitbegründeten. Leider ist das Wissen um den Bau der Bandonions verloren gegangen und so erreichen heutige Nachbauten nicht den Klang der damaligen Instrumente.

500 m hinter dem Skilift gelangen Sie zu der Pension und Gaststätte Talsperre ❺.

🛏 ✕ Gasthaus Talsperre, Fam. Lorenz, Talsperrenstraße 45, 08309 Carlsfeld, ☎ 03 77 52/34 60, 💻 www.gasthaus-talsperre.de, ✉ info@gasthaus-talsperre.de, EZ ab € 45, DZ ab € 72, inklusive Frühstück, ➲ direkt am Kammweg, ⊙

Sie bleiben auf dem Pfad am Waldrand und laufen hinunter ins Wilzschtal. Sie überqueren den Bach und entdecken linker Hand eine urige Blockhütte mit zwei großen Holzfiguren. 600 m später biegen Sie nach rechts in einen Waldweg ab und gelangen nach Weitersglashütte. Wie der Name andeutet, stand hier über 300 Jahre bis 1937 eine Glashütte, in der Apotheken- und Laborglas, aber auch Wein- und Biergläser produziert wurden.

Weitersglashütte 🛏 (✕) 🚌

🛏 (✕) Hotel Zum Kranichsee, Frühbusser Str. 15, 08309 Weitersglashütte, ☎ 03 77 52/67 87-0, 💻 www.hotel-kranichsee.de, ✉ anfrage@hotel-kranichsee.de, EZ ab € 55, DZ ab € 85 (+ € 10 Einzelnachtzuschlag), inklusive Frühstück, 🚪 Restaurant nur für Gäste des Hotels und abends, ➲ 400 m vom Kammweg, ⊙

🛏 (✕) Pension Talblick, Frühbusser Straße 8, 08309 Weitersglashütte, ☎ 03 77 52/692 99, 💻 www.eibenstock-talblick.de, 📧 buchung@eibenstock-talblick.de, EZ ab € 63,50, DZ ab € 71, inklusive Frühstück (Abendessen auf Anfrage), ➲ 200 m vom Kammweg

🚌 Einmal am Tag fährt ein Bus durch bis Johanngeorgenstadt, ansonsten müssen in Wildenthal umsteigen.

7. Etappe: Weitersglashütte – Johanngeorgenstadt Bahnhof

➲ 19,9 km, ⌛ 7 Std., ↑ 548 m, ↓ 748 m, ⇧ 681-1.018 m

0,0 km	⇧	887 m	Weitersglashütte 🛏 (✕) 🚌
1,4 km	⇧	785 m	Brücke über den Glashüttenbach
3,9 km	⇧	721 m	Wildenthal, Parkplatz 🛏 ✕ 🚌
7,3 km	⇧	1.018 m	Auersberg 🛏 ✕
9,1 km	⇧	866 m	Siedlung Sauschwemme
11,0 km	⇧	812 m	Steinbach, Parkplatz 🛏
13,8 km	⇧	854 m	Landhaus Sonnentau 🛏
15,1 km	⇧	819 m	Erzgebirgsschanzen
19,9 km	⇧	684 m	Johanngeorgenstadt, Bahnhof ℹ 🛏 🏠 ✕ 🛒 BANK 📯 ⚕ 🚆 🚌 ✝ ⌘

Auf dieser Etappe leitet Sie der Kammweg durch zwei Täler zum Auersberg. Hier ist ein Aufstieg von etwa 300 Höhenmetern zu bewältigen. Vom Turm aus lohnt es sich, den Blick über das Erzgebirge schweifen zu lassen. Weiter wandern Sie zur durch den Bergbau geprägten Gemeinde Johanngeorgenstadt.

Sie laufen am nordöstlichen Waldrand von Weitersglashütte abwärts und treffen auf einen Pfad, dem Sie nach rechts durch den Wald in einer Serpentine ins Tal des Glashüttenbaches folgen. Unten erreichen Sie einen geschotterten Forstweg, in den Sie links einbiegen. Mit der Carlsfelder Landstraße queren Sie den Bachlauf ❶ und steigen den Hang hinauf. An einer Waldkreuzung mit Hütte auf dem Bergkamm laufen Sie geradeaus weiter und biegen, kurz bevor Sie auf eine Landstraße stoßen, nach links auf einen Waldweg ab. Dieser führt Sie parallel zur Straße zu einer kleinen Skiwiese oberhalb des Örtchens Wildenthal. Vor dem Skilift wandern Sie auf einem Wiesenpfad den Hang abwärts und gelangen an den Parkplatz Wildenthal ❷.

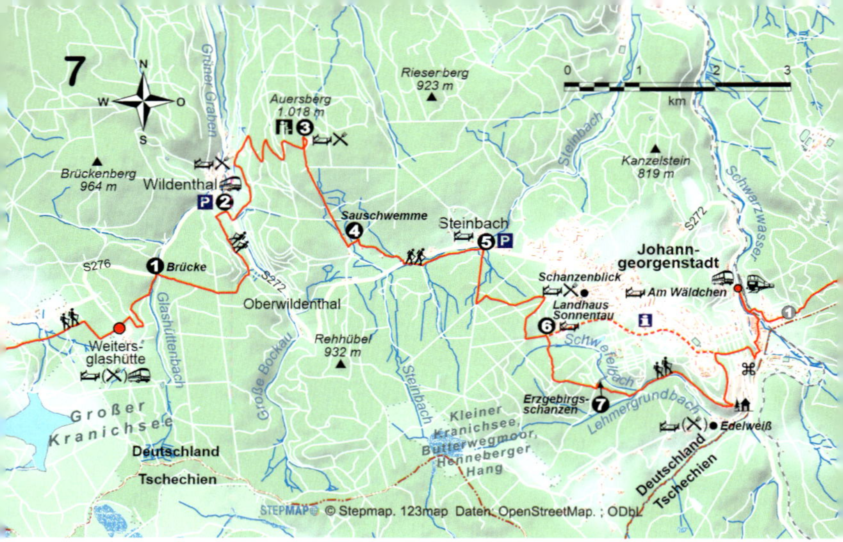

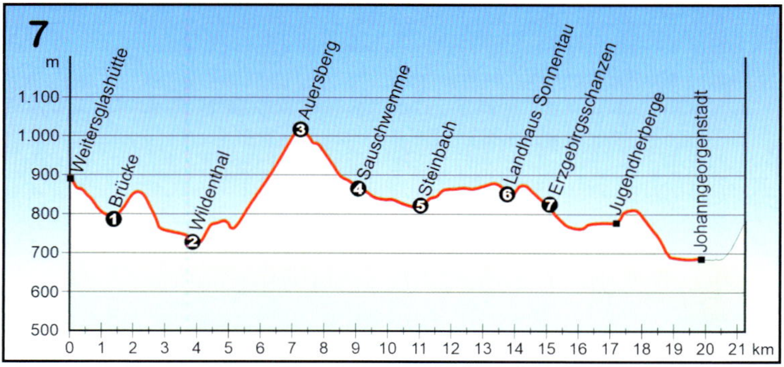

Wildenthal

Gaststätte & Pension Hammerschänke, Alte Poststraße 9, 08309 Wildenthal, 03 77 52/60 50 24, 01 72/905 68 45, www.hammerschaenke.de, hammerschaenke@web.de, EZ ab € 40, DZ ab € 70, inklusive Frühstück, 200 m vom Kammweg, folgen Sie weiter dem Kammweg bis zum Auersbergweg und laufen dann hinunter ins Tal,

Viermal täglich fährt ein Bus direkt zum Bahnhof in Johanngeorgenstadt.

Laut einer Legende soll der mittlere Sohn Charlotte von Steins, der auf einer Reise nach Karlsbad hier verstarb, im Ort beerdigt sein. Und dem Dichterfürsten Goethe selbst, ebenfalls auf der Fahrt in den Kurort, schreibt man gar eine Liebesnacht mit der Nichte des Dorfwirtes zu.

Vom Parkplatz nehmen Sie 150 m den Fahrradweg bachaufwärts, überqueren die Landstraße und den Bach Große Bockau und steigen am Friedhof den Hang hinauf. Sie queren einen Wasserkanal und erreichen einen Picknickplatz. Nun wandern Sie am Waldrand um den Ort herum und stoßen 700 m weiter wieder auf den Kanal, dem Sie 150 m folgen. Dieser ist einer der Zuflüsse zum Sosastausee, welcher der Trinkwasserversorgung und dem Hochwasserschutz der Region dient. Am Auersbergweg zweigen Sie schräg rechts ab den Hang hinauf und steigen in Serpentinen über 250 Höhenmetern zum Auersberg. Oben erwartet Sie ein Aussichtsturm sowie ein Berggasthof ❸. Schon im 17. Jahrhundert soll der von der Jagdleidenschaft besessene sächsische Kurfürst Johann Georg I. einen hölzernen Turm aufgestellt haben. Da der Turm von Wilddieben immer wieder angezündet wurde, entschloss man sich im 19. Jahrhundert, den Turm aus Granitstein zu erbauen.

Auersberg

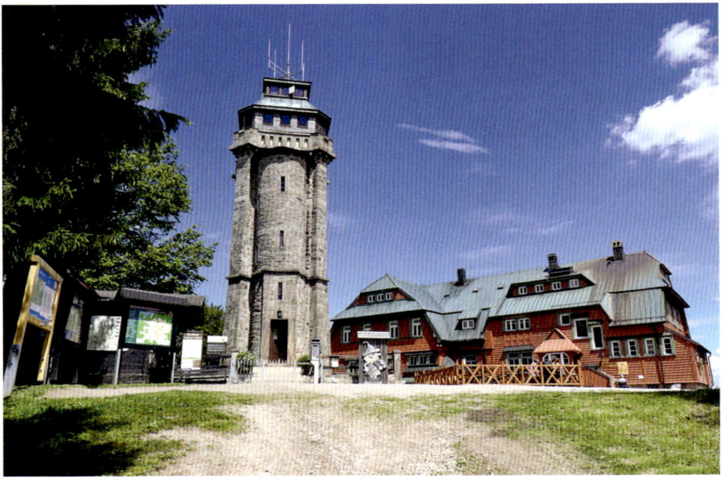

Auersberg Haus, Auersberg, 08309 Eibenstock, ☏ 03 77 52/69 92 58, www.auersberghaus.de, auersberg@simmel.de, EZ ab € 49, DZ ab € 90 (+ € 10 Einzelnachtzuschlag), inklusive Frühstück, ➲ direkt am Kammweg, ⊙

Im Gebiet um den Auersberg herum gab es etwa 300 Fundstätten von Zinn, Eisenerz, Wismut, Kobalt und Nickel. Archäologische Funde beweisen, dass bereits vor über 3.000 Jahren in der Region nach Erzen gesucht wurde. Vom Auersberg laufen Sie parallel zur Zugangsstraße 1,7 km den Hang hinunter und biegen dann links zur Siedlung Sauschwämme ab ❹. Der Name leitet sich von dem „Ausschwemmen" von „Zinnseifen" mittels Wasser ab, welches eine frühe Methode des oberirdischen Zinnabbaus war. Zahlreiche kleine Wassergräben zeugen von dieser Zeit.

Am Waldrand biegen Sie nach rechts ab und wandern zur Eibenstocker Landstraße. Diese überqueren Sie und laufen auf einem Waldpfad parallel zu ihr und dem Steinbach 1,2 km zum Wanderparkplatz ❺. Auch die Siedlung Steinbach verdankt ihre Entstehung dem „Seifenbergbau" im 16. Jahrhundert.

Steinbach

Pension und Gasthof Steinbach, Steinbach 22, 08349 Johanngeorgenstadt, ☏ 037 73/882 22, www.gasthof-steinbach.de, info@gasthof-steinbach.de, EZ ab € 37, DZ ab € 64 (+ € 3 Einzelnachtzuschlag), inklusive Frühstück, ➲ direkt am Kammweg, 2020 war die Pension vorübergehend geschlossen

Hier biegen Sie rechts auf eine schnurgerade Schotterpiste ab, bis Sie 750 m weiter an eine Waldkreuzung gelangen. Sie gehen ein kurzes Stück nach links, um dann rechts auf einem Waldpfad abzubiegen. 800 m später stoßen Sie auf einen Weg, der Sie nach rechts nach 700 m zu einer Kreuzung mit einer Gedenktafel für Max Schreyer führt. Als Sohn einer Johanngeorgenstädter Bergbeamtenfamilie dichtete er schon während seiner Studienzeit Texte in erzgebirgischer Mundart. 1887 kehrte er als Revierförster in seine Heimatregion zurück und schrieb das Volkslied vom Vogelbeerbaum. Auf der Lichtung links sehen Sie das Loipenhaus und den Landhaus Sonnentau, zu denen Sie abbiegen ❻.

Landhaus Sonnentau, Schwefelwerkstraße 34, 08349 Johanngeorgenstadt, ☏ 037 73/881 99 10, www.landhaus-sonnentau.de, info@landhaus-sonnentau.de, EZ ab € 59, DZ ab € 84 (+ € 2 Einzelnachtzuschlag), inklusive Frühstück, ➲ direkt am Weg, ⊙

↳ Sollten Sie abkürzen wollen oder eine Unterkunft im Ort gebucht haben, können Sie die Schwefelwerkstraße geradeaus in den oberen Ort zur großen Pyramide und anschließend die Eibenstocker Straße in Richtung des unteren Stadtteiles Pachthaus nehmen. Hinter der neuapostolischen Kirche treffen Sie dann wieder auf den Kammweg.

Der Kammweg selbst führt Sie jedoch direkt am Gasthof einen Wiesenpfad hinunter in den Wald zum Schwefelbach, in dessen Talgrund schon im 17. Jahrhundert eine Schwefelhütte stand. Nach 900 m überqueren Sie einen Forstweg und erreichen 500 m später die Erzgebirgsschanzen ❼.

Die größere von beiden wurde als erste deutsche Großsprungschanze 1929 unter dem Namen Hans-Heinze-Schanze aus Holz erbaut, 1952 umgebaut und in Glückaufschanze umbenannt. Leider hielt das Glück nicht lange, denn sie stürzte 1956 ein. Der daraufhin neu errichtete Bakken aus Beton konnte jedoch den Erwartungen an eine moderne Schanzenanlage und späteren Sicherheitsanforderungen nicht gerecht werden. Der Betrieb wurde darum 2000 eingestellt. Daneben entstand eine kleine Schanze, die für Sprünge von Kindern und Jugendlichen unterhalten wird.

Unmittelbar an den Erzgebirgsschanzen wandern Sie weiter hinunter ins Tal zum Lehmergrundbach, den Sie bei km 15,7 über eine Betonbrücke queren. Das Wasser des Baches wurde im 18. Jahrhundert zur „Pochwäsche" genutzt: Durch diese wurden das in den Gruben geförderte Gestein zerkleinert und gewaschen und so das Erz von anderen Materialien getrennt. Nach 500 m wechseln Sie abermals die Seite des Baches und wandern über eine Holzbrücke und vorbei an dem Gegenglück Stollen, der als Wasserableitung diente, zur Jugendherberge.

Von dieser führt Sie der Kammweg nach links, steil den Bergrücken hinauf, um dann auf einem Waldpfad rechts in Richtung des oberen Zentrums von Johanngeorgenstadt zur Eibenstocker Straße abzuknicken. Diese überqueren Sie und treffen auf einen kleinen Waldweg, der Sie unweit der Straße hinab zum unteren Stadtteil Pachthaus führt. Kurz vor dem Talsockel entdecken Sie das Schaubergwerk Glöckl, welches als Museum die über 300-jährige Bergbaugeschichte des Ortes dokumentiert, und queren den Breitenbach. Das untere Zentrum ist durch den Grenztourismus nach Tschechien geprägt. Sie nehmen die Wittigsthalstraße stadtauswärts und biegen von dieser, bevor sie den Bach quert, schräg in ein Industriegebiet ab. Die Pachthausstraße führt Sie über den Fluss Schwarzwasser zum Bahnhof.

Johanngeorgenstadt

Touristeninformation im Eingangsbereich des Rathauses, Eibenstocker Straße 67, 08349 Johanngeorgenstadt, ☏ 037 73/888-222, www.johanngeorgenstadt.de/deutsch/tourismus/informationen/tourist-information, touristik@sv-johanngeorgenstadt.de, Mo-Fr 10:00-14:00, Infomaterial auch im Eiscafé Leonhardt, Eibenstocker Straße 52

Gaststätte & Pension Schanzenblick, Schulstraße 13, 08349 Johanngeorgenstadt, ☏ 037 73/88 09 45, www.schanzenblick-pension.de, schanzenblick@t-online.de, EZ ab € 45, DZ ab € 90 (+ € 5 Einzelnachtzuschlag), inklusive Frühstück, ➲ 1,2 km vom Kammweg, im oberen Stadtteil. Laufen Sie vom Landhaus Sonnentau die Schwefelwerkstraße in Richtung Stadt und biegen Sie nach 600 m in die Erzengelstraße ein. Am Ende der Straße treffen Sie auf die Schulstraße und laufen nach links.

♦ Pension Edelweiß, Steffen Meixner, Jugelstraße 18, 08349 Johanngeorgenstadt, ☏ 037 73/88 27 23, www.pension-edelweis.de, pensionedelweiss@aol.com, EZ ab € 30, DZ ab € 60, inklusive Frühstück, ➲ 1,4 km vom Kammweg im unteren Stadtteil Jugel gelegen, folgen Sie dazu vom Landhaus Sonnentau dem Kammweg bis zum Lehmergrundbach. Hier zweigen Sie nicht zur Jugendherberge ab, sondern gehen weiter am Bach abwärts und biegen dann nach rechts in die Jugelstraße ein.

Hotel-Pension Am Wäldchen, Eibenstocker Straße 66 A, 08349 Johanngeorgenstadt, ☏ 037 73/88 28 89 oder 88 25 91, www.pension-am-waeldchen.de, EZ ab € 35, DZ ab € 60, inklusive Frühstück, Hol- und Bringservice zum Bahnhof nach Absprache, ➲ 2,5 km vom Kammweg, im oberen Stadtteil. Laufen Sie vom Landhaus Sonnentau die Schwefelwerkstraße in Richtung Stadt zur Pyramide und nehmen Sie dann die Eibenstocker Straße nach links. An einer Kreuzung bei einem Bike- und Ski-Service-Geschäft gehen Sie nach rechts und erreichen die Straße Am Wäldchen. 100 m weiter entlang der Straße befindet sich die Pension.

Jugendherberge Johanngeorgenstadt, Hospitalstraße 5, 08349 Johanngeorgenstadt, ☏ 037 73/88 21 94, www.jugendherberge-sachsen.de/jugendherbergen/johanngeorgenstadt-63/portraet, johanngeorgenstadt@jugendherberge.de, Übernachtung pro Person ab € 25,50 (+ € 3,50 Einzelnachtzuschlag), inklusive Frühstück, ➲ direkt am Kammweg

⌘ Lehr- & Schaubergwerk Frisch Glück Glöckl, Wittigsthalstraße 13-15, 08349 Johanngeorgenstadt, ☏ 037 73/88 21 40, gloeckl@frisch-glueck.de, www.frisch-glueck.de, Führungen Di-So um 10:30, 12:00, 13:30 und 15:00, Di-Fr auch um 9:00, Mindestteilnehmerzahl 5 Personen pro Führung, um 13:30 findet bei Bedarf auch eine Einzelführung statt, Vorabanmeldung über die Webseite, ⊙

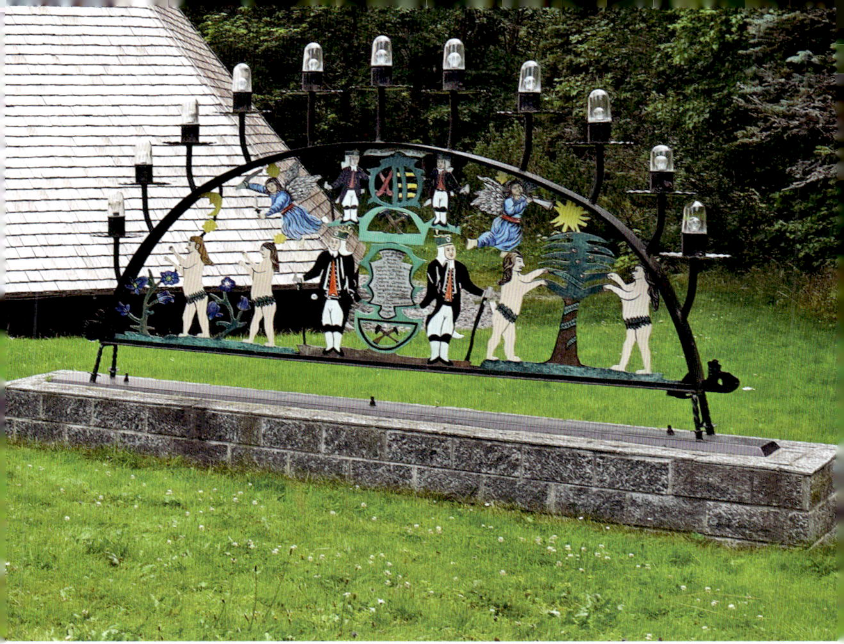

Schwippbogen in Johanngeorgenstadt

Es besteht eine Verbindung nach Wildenthal.
Es besteht eine stündliche Anbindung direkt nach Zwickau.

Johanngeorgenstadt ist die „Stadt des Schwibbogens", da hier 1740 der älteste bekannte Bogen aus Metall geschmiedet wurde. Von aus dem böhmischen Ort Platten (tschechisch Horni Blatna) nach dem Dreißigjährigen Krieg vertriebenen Protestanten gegründet zählte die Gemeinde bereits Ende des 17. Jahrhunderts etwa 100 Erzgruben. Im 18. Jahrhundert dehnte man den Bergbau auf Zinn und Silber aus. Zum Leidwesen der Stadt entdeckte der Berliner Chemieprofessor Martin Heinrich Klaproth 1789 in einer Erzgrube unweit des Ortes Uran. Die Gier nach dem seltenen Element während der sowjetischen Besatzungszeit führte zu einem Abbau direkt unter der Altstadt. Als Folge davon mussten in den 60er-Jahren des 20. Jahrhunderts 319 Häuser geräumt und abgerissen sowie 4.000 Einwohner umgesiedelt werden. Heute ist die Gemeinde bei Skitouristen beliebt, da die Neustadt auf über 800 Höhenmetern errichtet wurde und damit zu den schneesichersten Gebieten Sachsens zählt.

8. Etappe: Johanngeorgenstadt – Rittersgrün

10,3 km, 3 Std. 30 Min., ↑ 239 m, ↓ 330 m, ⇧ 645-910 m

0,0 km	⇧ 684 m	Johanngeorgenstact, Bahnhof ✝ ⌘
1,0 km	⇧ 732 m	Anton-Günther-Pforte
2,5 km	⇧ 822 m	Wegkreuzung mit Unterstand
4,2 km	⇧ 847 m	Preißhausteich, Rastplatz
6,5 km	⇧ 910 m	Himmelswiese
9,5 km	⇧ 700 m	Pension & Gaststätte Pfeiffer
10,3 km	⇧ 645 m	Rittersgrün ⌘

Die kurze Etappe führt Sie über den Preißhausteich und die Himmelswiese nach Rittersgrün. Der Weg verläuft entlang der tschechischen Grenze ausschließlich im Wald.

Blumen am Wegesrand

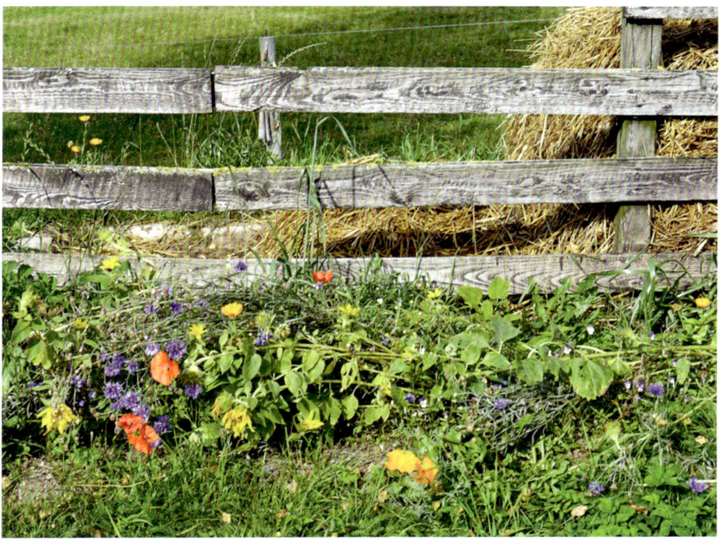

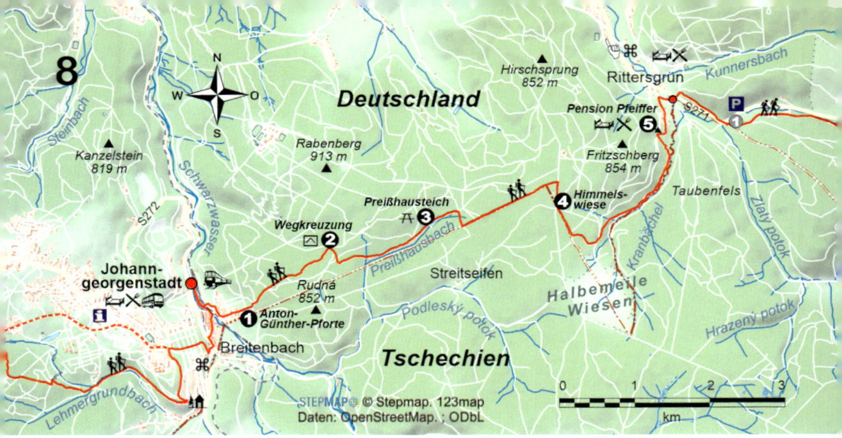

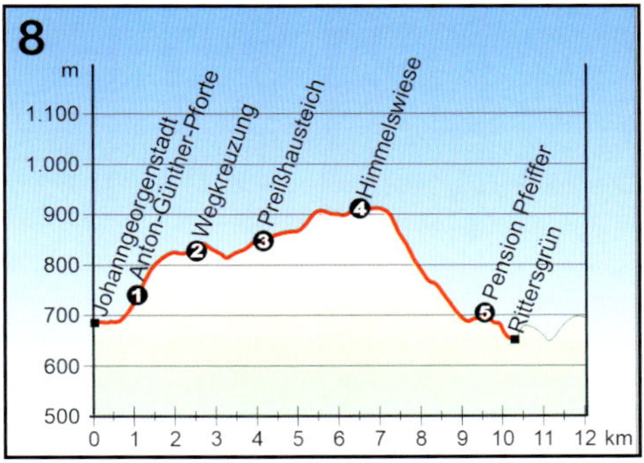

Vom Bahnhof wandern Sie zunächst 350 m in Richtung Stadtzentrum zurück, um dann über die Brücke auf die andere Gleisseite zu wechseln. An der Fotovoltaikanlage biegen Sie nach rechts ab und steigen in einem Bogen den Hang hinauf. Am Waldrand passieren Sie links einen größeren Gebäudekomplex und schreiten durch die Anton-Günther-Pforte ❶. Der erzgebirgische Volksdichter wird Sie bis zum Fichtelberg begleiten (☞ siehe kommende Etappe).

Sie laufen den Berg hinauf und gelangen zu einer großen Waldkreuzung mit einem Unterstand ❷. Hier biegen Sie nach rechts ab und wandern auf dem Waldweg zum Preißhausteich ❸. Dieser liegt nicht weit von seinem Namensgeber, der Preißhausbuche, welche auf dem Grundstück eines einstigen Waldhauses steht, dessen Pächter im 18. Jahrhundert Johann Heinrich Preiß war. Da grenznahe einzeln stehende Häuser immer wieder von Schmugglern genutzt wurden, riss man das Waldhaus im 19. Jahrhundert kurzerhand ab. Übrig blieb nur die Buche. Zuvor war das Haus jedoch noch Zeuge einer Bluttat, bei der ein Pascher (Schmuggler) von Grenzpolizisten erschossen wurde.

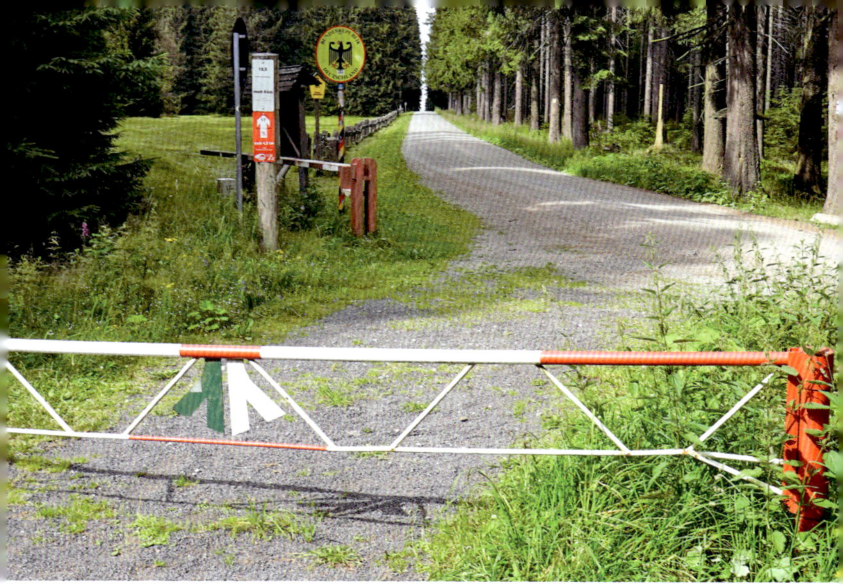

Grenzübergang bei Himmelswiese

400 m weiter zweigen Sie rechts auf einen Waldpfad ab und gelangen zur sächsisch-böhmischen Grenze, der Sie links folgen. Nach 1,5 km stoßen Sie wieder auf einen Forstweg und sehen rechter Hand schon die Himmelswiese liegen ❹. Das Naturdenkmal liegt an einem kleinen Grenzübergang nach Tschechien. Die Einbuchtung der Grenze sieht hier aus wie ein Schnabel und entstand im 16. Jahrhundert: Als Gegenleistung für Waffenlieferungen aus Prag im Schmalkaldischen Krieg übertrug Moritz von Sachsen, der dank des gewonnenen Krieges die Kurfürstenwürde erhielt, dem böhmischen König Ländereien.

Sie wandern 500 m weiter an der Grenze entlang, bis Sie der Kammweg nach links steil hinunter ins Mückenbachtal und zur netten kleinen Pension Pfeiffer führt ❺.

Über einen Wiesenweg unterhalb des Gasthauses gelangen Sie zum oberen Teil von Rittersgrün.

Rittersgrün

🛏 ✕ Pension Pfeiffer, Fritzschberg 4, 08359 Rittersgrün, ☏ 03 77 57/72 85, 💻 www.pension-pfeiffer.com, ✉ info@pension-pfeiffer.com, EZ ab € 28, DZ ab € 48, inklusive Frühstück, ➲ direkt am Kammweg

🛏 ✕ Landhotel Rittersgrün, Karlsbader Straße 23, 08359 Rittersgrün, ☏ 03 77 57/18 80, 💻 www.landhotel-rittersgruen.de, ✉ info@landhotel-rittersgruen.de, EZ ab € 75, DZ ab € 130, inklusive Frühstück, ➲ 3,2 km vom Kammweg entfernt, in der Nähe der Kirche von Rittersgrün. Nehmen Sie auf der anderen Bach- und Talseite die Rothen-Adler-Straße und dann die Kirchstraße auf der anderen Bachseite. Überqueren Sie bei der Kirche wieder den Bach.

🛏 Pension Waldfrieden, Waldfrieden 8, 08359 Rittersgrün, ☏ 03 77 57/187 72, 📱 01 70/270 38 23, 💻 www.pension-waldfrieden-erzgebirge.de, ✉ pension.waldfrieden@t-online.de, EZ ab € 16, DZ ab € 32, Frühstück € 5, ➲ ca. 1 km vom Kammweg, oberhalb des Freibades auf der gegenüberliegenden Talseite

⌘ Schmalspurbahn Museum Rittersgrün, Kirchstraße 4, 08359 Rittersgrün, ☏ 03 77 57/74 40, 💻 www.schmalspurmuseum.de, ✉ museum-oberrittersgruen@t-online.de, 🚪 Sa & So 10:00-17:00

🚌 Von Rittersgrün „Halbmeiler Straße“ (unterhalb der Pension Pfeiffer) fährt ein Bus täglich alle 2 Stunden zum Bahnhof in Schwarzenberg sowie wochentags dreimal täglich über die Bächelhütte (siehe Etappe 9) nach Oberwiesenthal.

Die lang gezogene Streusiedlung wurde im Zuge der Eisenverarbeitung im 16. Jahrhundert gegründet, als sich dank des Baches Pöhlwasser Hammerwerke niederließen.

Gedenkstein für Anton Günther bei Rittersgrün

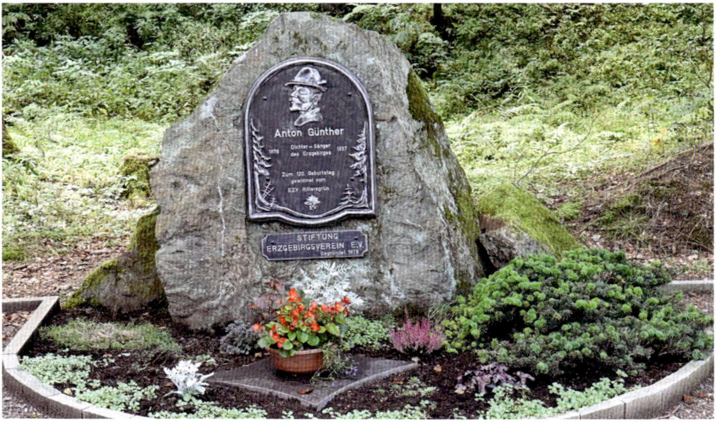

9. Etappe: Rittersgrün – Fichtelberg

➲ 14 km, ⌛ 5 Std., ↑ 609 m, ↓ 66 m, ⇧ 645-1.215 m

0,0 km	⇧	645 m	Rittersgrün
0,8 km	⇧	650 m	Parkplatz Kaffenbergweg
2,1 km	⇧	686 m	Gedenkstein Anton Günther
7,0 km	⇧	958 m	Tellerhäuser, Fußballplatz
10,7 km	⇧	1.038 m	Bushaltestelle „Bächelhütte"
12,1 km	⇧	1.102 m	Fichtelberg-Skiarena-Parkplatz
12,3 km	⇧	1.107 m	Sachsenbaude
14,0 km	⇧	1.215 m	Fichtelberg

Heute ist ein Aufstieg von 609 m zu bewältigen. Sie laufen von Rittersgrün das lang gestreckte Tal des Pöhlwassers Richtung Oberwiesenthal entlang und zweigen dann zum Fichtelberg ab. Der Anstieg ist gemächlich, zunächst durch Wald und später über Wiesen, zum höchsten Punkt der Tour, dem 1.215 m hohen Fichtelberg.

Am oberen Ende der lang gestreckten Dorfgemeinde Rittersgrün überqueren Sie den Bach Pöhlwasser und die Karlsbader Straße, die nach Oberwiesenthal führt. Am gegenüberliegenden Hang steigen Sie über einen steilen Waldpfad zu

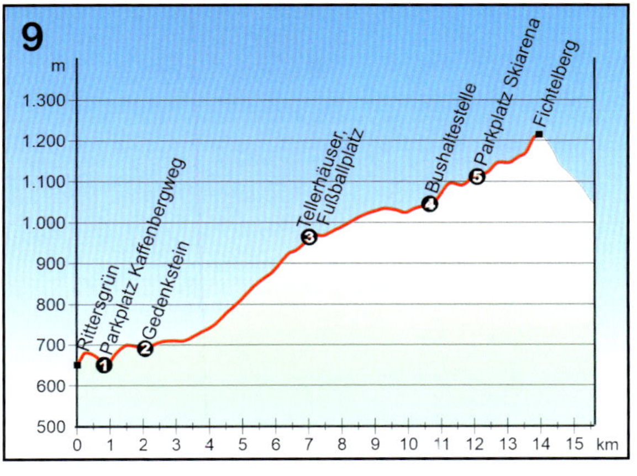

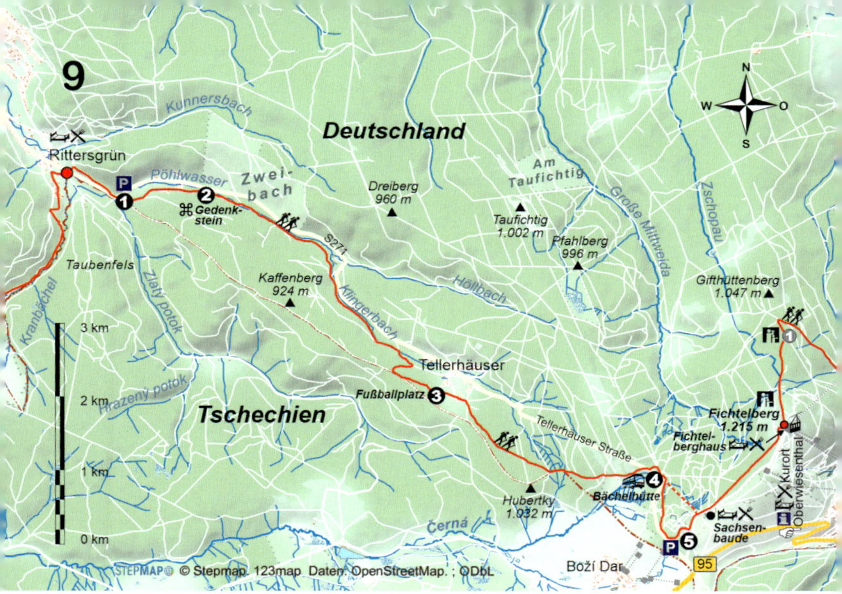

einem Waldweg auf und biegen in diesen rechts ein. 700 m weiter wechseln Sie wieder auf die andere Straßenseite ❶ und stoßen auf eine kleine Ansammlung von Häusern.

Auf einem Schotterweg laufen Sie nun parallel zur Landstraße das Tal nach Oberwiesenthal hinauf. Im Jahr 1833 wurde hier bei Forstarbeiten ein 86 kg schwerer Eisenmeteorit mit einem Durchmesser von 40 cm gefunden.

Bei km 2,1 passieren Sie den Gedenkstein zu Ehren von Anton Günther ❷, dem erzgebirgischen Volksdichter, der zwischen 1876 und 1937 in dieser Region wirkte.

Unweit von hier auf der heute tschechischen, damals österreichisch-ungarischen Seite in Gottesgab aufgewachsen, nutzte Anton Günther sein Talent, um zusätzlich zu dem kargen Einkommen in der Landwirtschaft mit Gesang und Liedpostkarten etwas dazuzuverdienen. Da das Erzgebirge damals zunehmend als Urlaubs- und Kurregion entdeckt wurde, erlangte er schnell Popularität über die Grenzen hinaus. Nach dem Ersten Weltkrieg, in dem er für die Habsburger an der serbischen Front kämpfte, konnte er sich weder mit der neu entstandenen Tschechoslowakei noch mit den später aufstrebenden Nationalsozialisten anfreunden und nahm sich am 29. April 1937 das Leben.

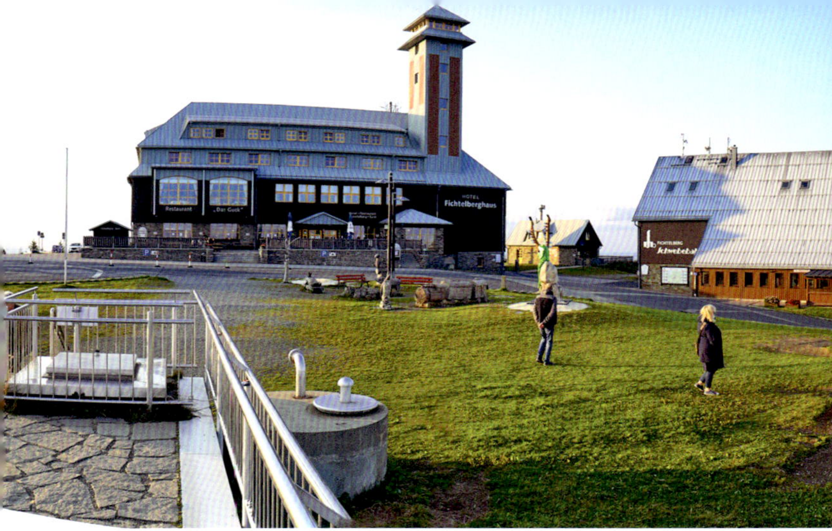

Sie wandern 4 km das Tal bergauf, bis der Kammweg kurz vor der Ortschaft Tellerhäuser nach rechts abknickt und in einer Serpentine zu einem Fußballplatz oberhalb des Örtchens führt ❸.

Vom Sportplatz laufen Sie auf der Anhöhe weiter zu einigen Holzhäusern und biegen hinter diesen schräg rechts in einen Waldweg ab, der Sie vorbei an einem Grenzübertritt nach Tschechien und dem Naturschutzgebiet Börnerwiese wieder zur Tellerhäuserstraße führt. Hier biegen Sie rechts ab und wandern in einem Bogen in der Nähe der Landstraße zur Bushaltestelle „Bächelhütte" ❹ (🚌 wochentags dreimal nach Oberwiesenthal).

Hinter dieser zweigen Sie schräg links auf einen Waldpfad ab, der Sie parallel zur Straße begleitet. Nach 150 m erreichen Sie eine Waldschneise, die den Hang hinaufführt.

↳ Wenn Sie den Weg etwa 800 m abkürzen möchten, können Sie diese hochlaufen und stoßen hinter dem Fichtelberg-Skiarena-Parkplatz wieder auf den offiziellen Weg.

Der Kammweg jedoch verläuft weiter geradeaus etwas oberhalb der Straße und führt in einem Bogen zur Sparkassen-Skiarena und dem dazugehörigen Fichtelberg-Skiarena-Parkplatz. Dabei überqueren Sie zweimal eine Skirollertrasse. Über die Asphaltfläche laufen Sie zu einem braunen Parkplatzhäuschen ❺.

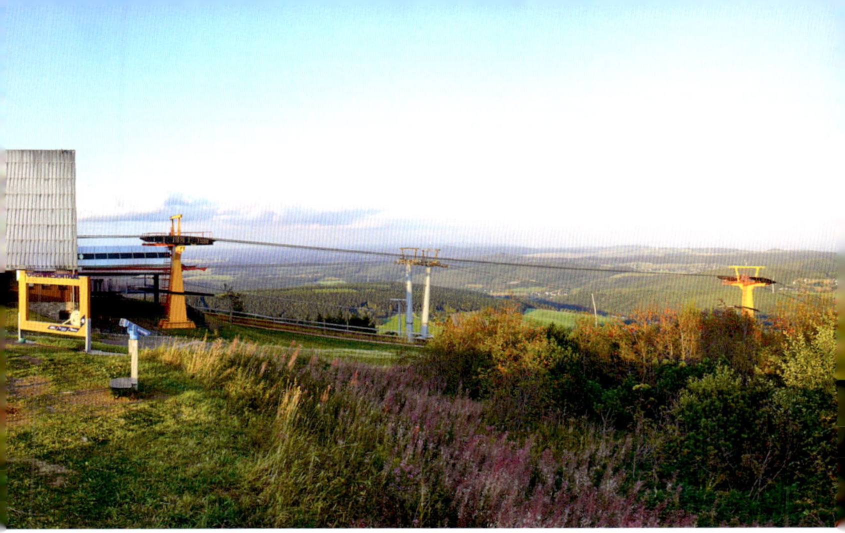

Blick vom Fichtelberg

An dem Häuschen biegen Sie in einen Schotterweg ab, der Sie parallel zur Straße 2 km, vorbei an der Skirollerstrecke und dem Hotel Sachsenbaude, zum Fichtelberg führt. Vor der Sachsenbaude stößt auch die beschriebene Abkürzung wieder hinzu.

🛏 ✕ Relaxhotel Sachsenbaude, Fichtelbergstraße 4, 09484 Oberwiesenthal, ☏ 03 73 48/13 90, 💻 www.sachsenbaude.de, ✉ info@sachsenbaude.de, EZ ab € 114, DZ ab € 129, inklusive Frühstück, ➲ direkt am Kammweg, 1,5 km vor dem Fichtelberg, ⊙

100 m vor dem Etappenziel knickt der Kammweg noch einmal nach links weg, um in einem kleinen Bogen auf den Fichtelberg zu führen.

🛏 ✕ Hotel-Fichtelberghaus, Fichtelbergstraße 8, 09484 Kurort Oberwiesenthal, ☏ 03 73 48/12 30, 💻 www.hotel-fichtelberghaus.de, ✉ info@hotel-fichtelberghaus.de, EZ ab € 77, DZ ab € 108, inklusive Frühstück, ➲ am Kammweg

♦ Pension Fichtelberghütte, Fichtelbergstraße 6, 09484 Oberwiesenthal, ☏ 03 73 48/234 78, 📱 01 62/277 92 54, 💻 www.fichtelberghuette.de, ✉ buchung@fichtelberghuette.de, EZ & DZ ab € 90, inklusive Frühstück, ➲ 300 m unterhalb des Fichtelbergs

Der Fichtelberg ist mit 1.214,79 m der höchste Punkt auf dem Kammweg. Von hier aus genießen Sie einen atemberaubenden Blick nach Tschechien und Sachsen. An manchen Tagen können Sie sogar die Schneekoppe im Riesengebirge und den Brocken im Harz erkennen.

Obwohl nach Fichten benannt wies der ursprüngliche Baumbestand der Region einen Mischwald aus Rotbuche, Weißtanne und Fichten aus, „Miriquidi" oder Dunkelwald genannt. Erst zu Beginn des 19. Jahrhunderts wechselte die staatliche Forstwirtschaft Sachsen aus wirtschaftlichen Gründen zu einem reinen schnell wachsenden Fichtenbestand – mit gravierenden Auswirkungen. So hatte der Fichtelberg in den 70er- bis 90er-Jahren des 20. Jahrhunderts besonders unter dem Waldsterben zu leiden, welches im Wesentlichen von den Braunkohlekraftwerken der früheren DDR, CSSR und Polens verursacht wurde. Ganze Landstriche waren kahl. Der Baumbestand, den Sie heute antreffen, ist darum nicht älter als 50 Jahre.

Auf dem Fichtelberg stand, so sagt man, schon seit dem 17. Jahrhundert ein Lust- und Jagdschloss. Das erste Fichtelberghaus wurde 1889 eröffnet und anschließend sukzessive erweitert. Sogar der letzte Sachsenkönig August III. soll hier residiert und eines Abends Anton Günther zum Gesang eingeladen haben. In dieser Zeit wurde das Königreich Sachsen mit einem Landesvermessungsnetz überspannt und der gut sichtbare Fichtelberg als trigonometrischer Punkt ausgewählt. Die südlich vom Gebäude stehende Triangulationssäule zeugt davon. Ende 1915 kam die Wetterwarte hinzu, die 1950 zu einem Observatorium ausgebaut wurde. Seit 1924 befördert die Fichtelberg-Schwebebahn Gäste aus Oberwiesenthal auf die Spitze. Als Wintersportgebiet ist der Fichtelberg durch den Skispringer Jens Weißflog bekannt, der in Oberwiesenthal seine Karriere begann. Um sich an der Abendstimmung mit weniger Besuchern zu erfreuen, sollten Sie sich eine Übernachtung direkt im Fichtelberghaus nicht entgehen lassen.

↳ Weitere Pensionen und Hotels und eine Touristeninfo finden Sie direkt in Oberwiesenthal. Den Ort erreichen Sie mit der Schwebebahn.

Oberwiesenthal

Gästeinformation Kurort Oberwiesenthal, Karlsbader Straße 3, 09484 Kurort Oberwiesenthal, ☎ 03 73 48/15 50-50 oder 15 50-182,
www.oberwiesenthal.de/gaesteinformation-oberwiesenthal.cfm,
info@oberwiesenthal.de, Mo-Fr 9:30-16:00

Zum und vom Fichtelberg: Fichtelberg Schwebebahn Kurort Oberwiesenthal – FSB GmbH, Vierenstraße 10, 09484 Kurort Oberwiesenthal, ☏ 03 73 48/127 61, www.fichtelberg-ski.de, info@fichtelberg-ski.de, täglich 9:00-17:00, Pendelverkehr alle 15 Minuten oder nach Bedarf, Preise Sommersaison: einzelne Bergfahrt € 8, Berg und Talfahrt € 12, ⊙

10. Etappe: Fichtelberg – Bärenstein

18,4 km, 6 Std. 30 Min., ↑ 440 m, ↓ 729 m, ⇧ 695-1.215 m

0,0 km	⇧ 1.215 m	Fichtelberg
1,3 km	⇧ 1.069 m	Aussichtspunkt
2,9 km	⇧ 954 m	Gasthaus Sportbaude Waldeck
4,9 km	⇧ 1.018 m	Kreuzbrückfelsen
8,7 km	⇧ 753 m	Wassertretbecken
11,1 km	⇧ 958 m	Toska-Bank
15,7 km	⇧ 702 m	Talsperre Cranzahl
18,0 km	⇧ 818 m	Bärensteinparkplatz
18,4 km	⇧ 898 m	Bärenstein

Blick zum Fichtelberg

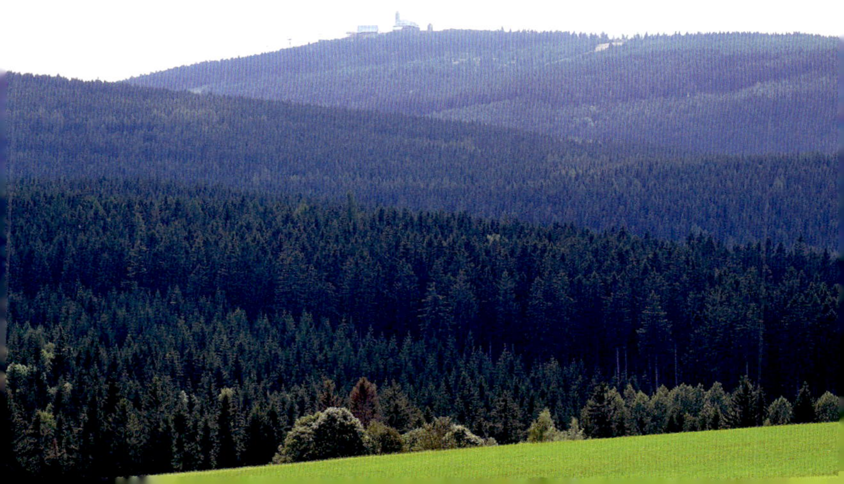

Auf der heutigen Etappe steigen Sie wieder vom Fichtelberg ab, können, wenn Sie Glück haben, die Dampflokomotiven der Schmalspurbahn nach Oberwiesenthal bewundern und erklimmen nach der Talsperre Cranzahl den Bärenstein. Auf dem Bärenstein haben Sie die Möglichkeit, in einem im Dezember 2020 neu eröffneten Hotel zu übernachten.

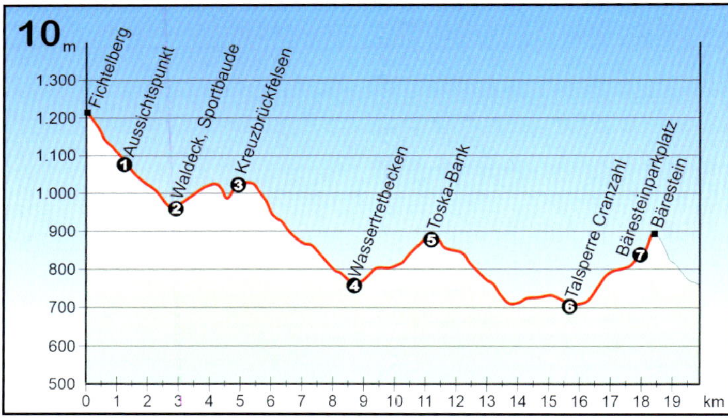

Auf der Nordseite des Fichtelbergplateaus, nicht weit von der Stelle, an der Sie Ihren Aufstieg beendet haben, wandern Sie zunächst einen Skihang und später einen Waldpfad geradeaus hinunter, bis Sie nach 1,3 km an einen Aussichtspunkt gelangen ❶. Etwas abseits des Weges haben Sie hier an einem Felsvorsprung nochmals eine schöne Aussicht Richtung Sachsen und können den Bärenstein in der Ferne sehen.

Weiter gehen Sie den markierten Weg bergab, bis Sie auf eine asphaltierte Straße treffen, auf die Sie rechts einbiegen. Dieser Straße oder dem dazu parallel führenden Wiesenpfad folgen Sie, passieren eine Quelle und eine Seilbahnstation und gelangen nach 1,4 km zum Gasthaus Sportbaude Waldeck ❷.

🛏 ✕ Gasthaus Sportbaude-Waldeck, Ramona Mrotzek, Emil-Riedel-Str. 52, 09484 Oberwiesenthal, ☏ 03 73 48/84 96, 💻 www.sportbaude-waldeck.de, ✉ info@sportbaude-waldeck.de, EZ ab € 24, DZ ab € 44, inklusive Frühstück, ➲ direkt am Kammweg, ⊙

↳ Ein Stück weiter befinden sich in der Nähe ein weiterer Wander- und Skiparkplatz sowie das Jens Weißflog Appartementhotel.

🛏 ✕ Jens Weißflog Appartementhotel, Emil-Riedel-Straße 50, 09484 Oberwiesenthal, ☏ 03 73 48/10-0, 💻 www.jens-weissflog.de, ✉ hotel@jens-weissflog.de, EZ ab € 89, DZ ab € 99, inklusive Frühstück, ➲ 200 m östlich der Sportbaude, an Wochenenden gilt eine Mindestaufenthaltsdauer von 2 Übernachtungen, ⊙.

Hinter der Gaststätte biegen Sie links in Richtung Kreuzbrückenfels ab. Der Weg verläuft hier zusammen mit dem Fichtelchen-Erlebnispfad.

↳ Alternativ können Sie den zunächst parallel dazu verlaufenden geschotterten Forstweg laufen, der nach 1 km wieder auf den Kammweg trifft (Ersparnis: 1,5 km).

Auf dem Kammweg queren Sie mehrere Forstwege, bis Sie bei km 4,6 links in einen Waldpfad zum Kreuzbrückenfels abbiegen. Diesen erreichen Sie nach weiteren 300 m ❸.

Von hier laufen Sie, bis Sie auf den oben beschriebenen geschotterten Forstweg treffen

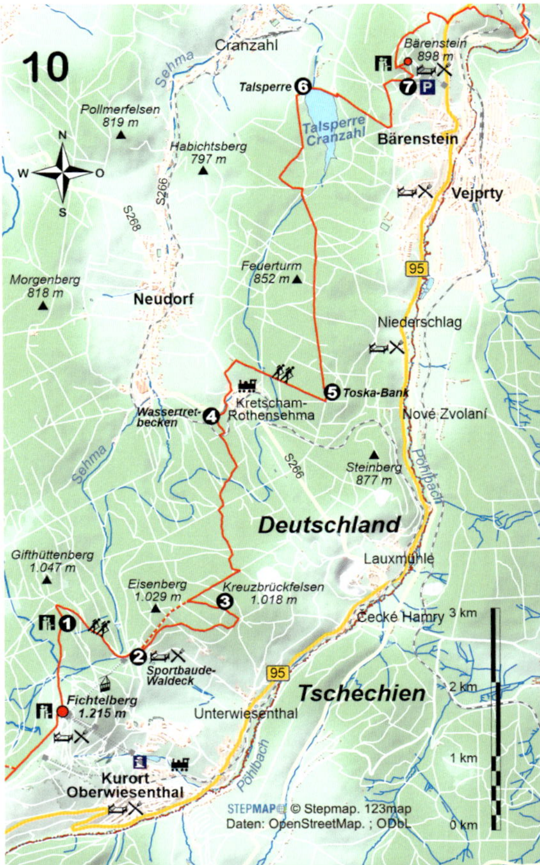

und in diesen rechts einbiegen. An einer Waldkreuzung 800 m später zweigen Sie links ab, queren eine asphaltierte Forststraße und gelangen an eine Schutzhütte, biegen hier rechts ab und folgen kurz darauf dem Kammweg nach links weiter. Rechter Hand entdecken Sie eine alte Zeche, in der im 16. und 17. Jahrhundert Eisenerz und Kalk abgebaut wurde. Ein Stück dahinter knickt der Kammweg links ab.

Ein anderer weiß-blau-weiß markierter Weg führt geradeaus.

Bei km 8,4 überqueren Sie die Schmalspurgleise der Bimmelbahn, die von Cranzahl nach Oberwiesenthal verläuft. 1897 eröffnet dient die pittoreske Bahn mit ihren Dampflokomotiven heute touristischen Zwecken. Dabei vergisst man, dass bis 1992 auch noch Güter mit ihr transportiert wurden (SDG Sächsische Dampfeisenbahngesellschaft mbH Fichtelbergbahn, Bahnhofstraße 7, 09484 Oberwiesenthal, 03 73 48/151-0, www.fichtelbergbahn.de, info@fichtelbergbahn.de). Nach 300 m erreichen Sie das Wassertretbecken ❹, welches zum Rasten und Abkühlen einlädt.

Fichtelbergbahn

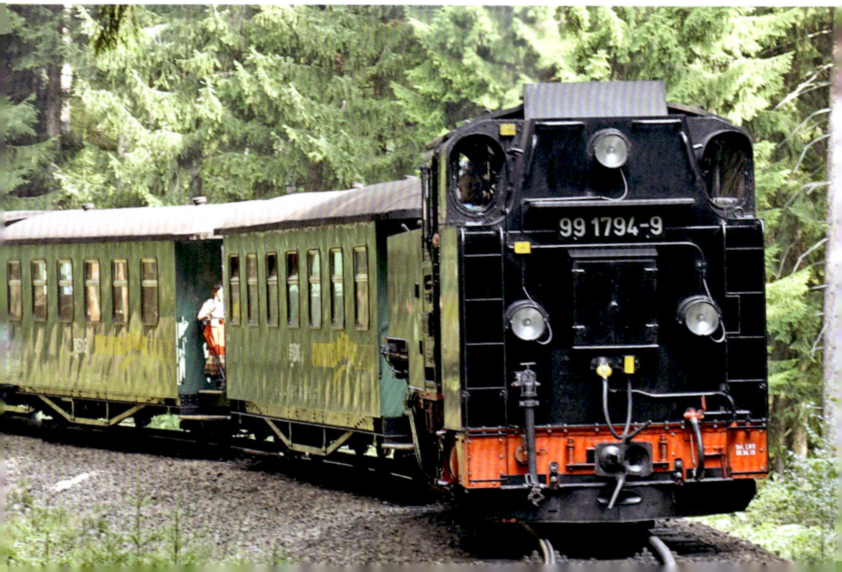

Sie laufen auf der rechten Seite des Baches und später 100 m auf der Landstraße S266 zum Örtchen Kretscham-Rothensehma. Hier entdecken Sie die Nachbildung einer ägyptischen Pyramide. Diese wurde zu Ehren eines Gemeindemitglieds errichtet, das im Jahr 1914 die Cheopspyramide bestieg. Vor ihr biegen Sie links in eine asphaltierte Straße, der Sie 200 m folgen, um dann rechts in einen Schotterweg abzubiegen. An der Abzweigung haben Sie nochmals einen schönen Blick auf den Fichtelberg. 200 m weiter halten Sie sich wieder rechts und laufen 1,3 km geradeaus den Waldweg hinauf. Auf der Anhöhe biegen Sie links zur Toska-Bank ab ❺. Diese wurde von der Besitzerin einer ehemaligen Gaststätte gespendet, die hier ihren Vornamen verewigte und den Aussichtspunkt mit einer Vielzahl von Tierattrappen dekorierte.

Von der Toska-Bank wandern Sie 2,2 km geradeaus weiter und queren dabei mehrere Waldwege, die zum Ort Bärenstein führen.

➯ Sollten Sie in einer der angegebenen Unterkünfte in Bärenstein übernachten wollen, nehmen Sie einen der Forstweg nach rechts entsprechend der Wegbeschreibung zum Hotel.

Bärenstein 🛏 ✕

🛏 ✕ Landhaus Bergidyll, Familie Steffen Kreil, Niederschlag 20, 09471 Bärenstein, ☏ 03 73 47/13 27, 💻 www.landhaus-bergidyll.de, ✉ info@landhaus-bergidyll.de, EZ ab € 55, DZ ab € 86, inklusive Frühstück, ➲ 1,5 km vom Kammweg, zweigen Sie 1 km hinter der Toska-Bank nach rechts zum Ortsteil Niederschlag ab.

♦ Landgasthof Zur Fichte, Constanze Sauer-Schuffenhauer, Fichtberg 15, 09471 Bärenstein, ☏ 03 73 47/847 84, 💻 www.landgasthof-zur-fichte.de, ✉ info@landgasthof-zur-fichte.de, EZ ab € 52, DZ ab € 80, inklusive Frühstück, ➲ 1,7 km vom Kammweg, Sie biegen 1,8 km hinter der Toska-Bank rechts nach Bärenstein ab, vor dem Fußballplatz zweigen Sie in den Bärenweg links ab. Nach 600 m biegen Sie nach rechts in den Rosenweg und laufen 350 m weiter bis zu einer Kreuzung, wo sich der Gasthof befindet.

🛏 Gästehaus Hutweide, Harry & Marina Schmiedel, Hutweide 57, 09471 Bärenstein, ☏ 03 73 47/12 36, 💻 www.gaestehaus-hutweide.de, ✉ info@gaestehaus-hutweide.de, EZ ab € 35, DZ ab € 60, Frühstück € 6, ➲ 1,6 km vom Kammweg, biegen Sie 1,8 km hinter der Toska-Bank rechts nach Bärenstein ab, vor dem Fußballplatz zweigen Sie nach rechts in den Bärenweg ein. Nach 400 m biegen Sie nach links in die Straße Hutweide, an der sich das Gästhaus befindet.

Sofern Sie nicht in den Ort wollen, wandern Sie zum Berg Bärenstein und dem dortigen Berghotel weiter. Sie treffen bei km 13,3 auf einen geschotterten Weg und biegen nach schräg links ab. 650 m weiter gelangen Sie zu einer Waldkreuzung, bei der Sie links in einen Waldpfad abzweigen, der Sie nach 1 km in einem Bogen zum ursprünglichen Forstweg zurückführt. Diesem folgen Sie links und erreichen die Talsperre Cranzahl ❻ mit einem idyllischen Rastplatz. Die Stauanlage wurde im Jahr 1952 fertiggestellt und dient der Trinkwasserversorgung des Großraumes Annaberg-Buchholz.

Blick auf die Talsperre Cranzahl

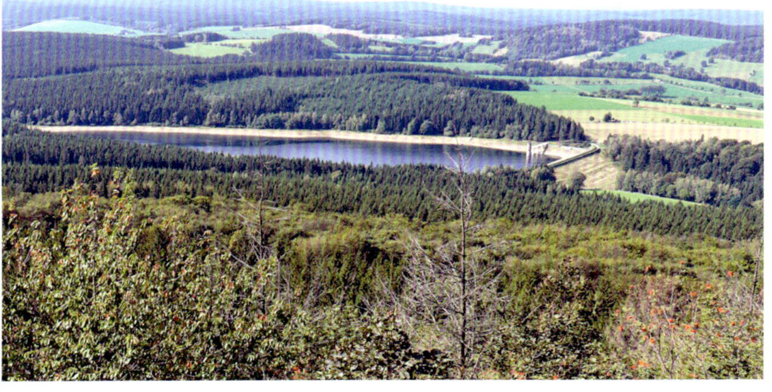

Sie überqueren den Staudamm und steigen den, leicht versetzten, Waldpfad zum Bärenstein 850 m geradeaus auf, bis Sie auf eine Asphaltstraße stoßen und links zu einem 50 m weiter gelegenen Rastplatz abbiegen. Viele von den Mountainbikern, die Sie hier treffen, fahren die Stoneman-Miriquidi Bike Challenge, die über 162 km durch das Erzgebirge führt und sich mit dem Kammweg schneidet. Von hier laufen Sie am Waldrand den Hang hinauf.

Der Kammweg verläuft zusammen mit dem Weg der Deutschen Einheit (WDE), der eine ähnliche Kennzeichnung hat.

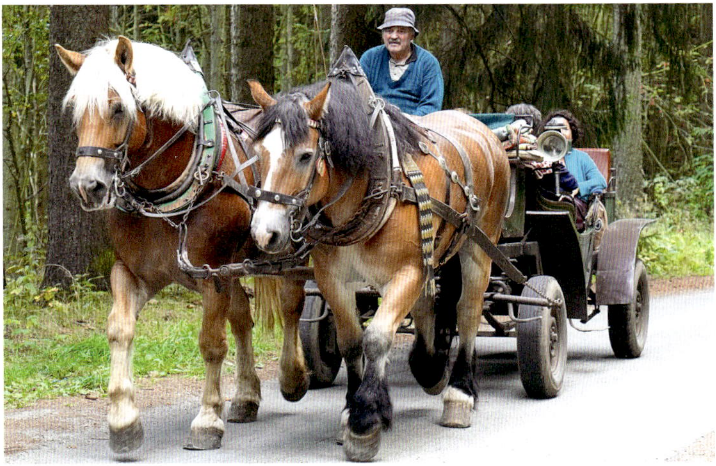

Kutschfahrt in Bärenstein

Bevor Sie der Weg in den Wald führt, zweigt der Kammweg nach rechts ab.

↳ Sofern Sie 100 Höhenmeter sparen und nicht über den Berg laufen möchten, können Sie dem Weg in den Wald folgen und stoßen nach 650 m beim Steinbruch Bärenstein wieder auf den Kammweg (☞ 11. Etappe).

Der Kammweg führt Sie jedoch über einen Pfad zum Bärensteinparkplatz ❼. Hier laufen Sie 100 m die Straße hoch und zweigen dann nach links auf einen steilen Pfad zum Bärensteinplateau ab.

🛏 ✕ Berghotel Bärenstein, Bergstraße 18, 09471 Bärenstein, ☏ 03 73 47/80 72 77, 💻 www.berghotel-baerenstein.de, ✉ info@berghotel-baerenstein, EZ ab € 60, DZ ab € 80, inklusive Frühstück, ➲ am Weg

Das Schloss Bärenstein steht auf den Grundmauern einer Höhenburg aus dem 12. Jahrhundert, die 1576 durch einen Brand zerstört wurde. Alten Schriften zufolge soll das dort residierende Rittergeschlecht von Bernstein aus der Schweiz stammen und den Namen der Burg Bärenstein aufgrund des Erlegens eines Bären in den Schweizer Alpen gewählt haben.

Zunächst zur Überwachung des sächsisch-böhmischen Grenzgebietes gedacht fand von hier aus ab dem 14. Jahrhundert die Besiedlung des oberen Erzgebirges und, nach ersten Erzfunden im 15. Jahrhundert, die Erschließung der Region für den Bergbau statt. Das nach dem Brand wieder aufgebaute Wohnschloss wechselte häufig die Besitzer und diente zu DDR-Zeiten bis 1991 als Schulungs- und Ferienheim der NDPD (National-Demokratische Partei Deutschland), die das SED-Regime unterstützte. Wie auf dem Fichtelberg finden Sie nicht weit vom Schloss auf der gegenüberliegenden Parkplatzseite eine historische Triangulationssäule, die zur Vermessung des Königreichs Sachsen diente.

11. Etappe: Bärenstein – Satzung, Hirtstein

22,1 km, 7 Std. 30 Min., ↑ 632 m, ↓ 654 m, ⇧ 573-898 m

0,0 km	⇧ 898 m	Bärenstein
1,6 km	⇧ 756 m	Parkplatz B95
3,4 km	⇧ 632 m	Hotel Fichtenhäusel
5,1 km	⇧ 573 m	Brettmühle, Parkplatz
7,3 km	⇧ 695 m	Zigeunerfelsen, Unterstand
13,4 km	⇧ 654 m	Jöhstadt, Preßnitztalbahnausstellungshalle ⌘
16,7 km	⇧ 573 m	Schmalzgrube, Bahnhof
21,2 km	⇧ 858 m	Satzung, Parkplatz
22,1 km	⇧ 882 m	Satzung, Hirtstein

Der Kammweg lenkt Sie heute vom Bärenstein hinunter ins Pöhlbachtal, weiter hinauf zum Ziegeunerfelsen und um Jöhstadt herum ins Preßnitztal. Wenn Sie Glück haben, wird in der Ausstellungshalle der Preßnitztalbahn gearbeitet und Sie können einen Blick auf die alten Lokomotiven und Waggons werfen. Über einen steilen Anstieg hinter Schmalzgrube gelangen Sie schließlich zum Hirtstein.

Vom Bärenstein laufen Sie ein kurzes Stück denselben Waldweg über den Sie das Plateau erreicht haben, zurück, gehen aber an der Abzweigung, an der Sie aufgestiegen sind, geradeaus weiter zu einem Aussichtspunkt. Dort haben Sie einen weiten Blick auf die Strecke, die Sie vom Fichtelberg aus zurückgelegt haben. Von hier führt der Kammweg Sie nach rechts hinab zum früheren Steinbruch Bärenstein, der Ende 1939, als man den Berg zum Naturdenkmal erklärte, eingestellt wurde.

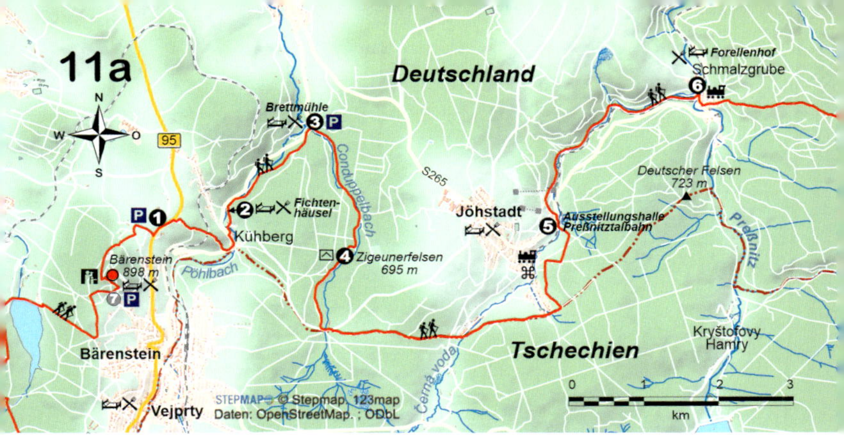

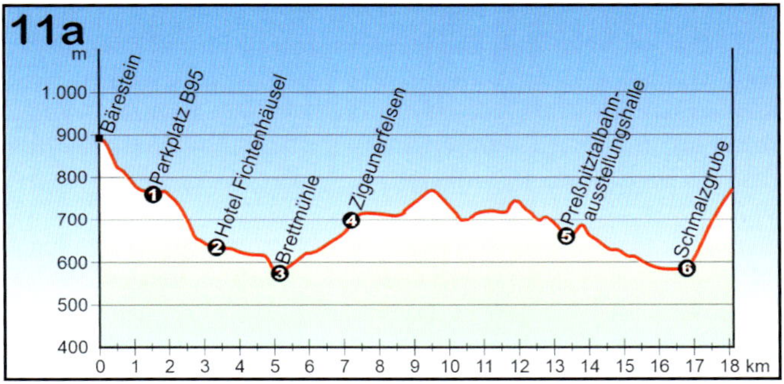

Nach weiteren 200 m gelangen Sie an einzeln stehende Häuser und biegen hinter dem ersten links in einen Wiesenweg den Hang hinunter ein. Unten erreichen Sie über einen Schotterweg in einer Schleife die B95. Der parallel zur Straße verlaufende Weg führt Sie nun 150 m nach links zu einem Parkplatz ❶.

Von hier müssen Sie, über einen kleinen Trampelpfad, auf der gegenüberliegenden Straßenseiten 200 m bis zu einem Umspannwerk gehen. Dort biegen Sie kurz rechts in eine asphaltierte Straße ein und laufen vor den Gebäuden links um das Gelände herum. Im Wald wandern Sie weiter den Hang hinunter, überqueren eine Bahnlinie und stoßen nach 900 m im Pöhlbachtal auf eine weitere Landstraße. Dieser folgen Sie links in eine kleine Häusersiedlung. (☝ Der WDE zweigt schon an der ersten Kreuzung in Richtung Jöhstadt ab.) Sie laufen die zweite Straße nach rechts, überqueren den Bach und erreichen über einen Waldweg nach 400 m das Hotel Fichtenhäusel ❷.

🛏 ✗ Hotel & Restaurant Fichtenhäusel, Am Pöhlagrund, Königswalder Straße 20, 09471 Kühberg, ☏ 03 73 47/802 65, 💻 www.fichtenhaeusel.de, ✉ info@fichtenhaeusel.de, EZ ab € 52, DZ ab € 92 (+ € 10 Einzelnachtzuschlag), inklusive Frühstück, ➲ direkt am Kammweg

Sie bleiben auf der Seite des Baches und wandern auf einem Waldpfad, der bald entlang eines alten Wasserkanals führt, 1,7 km weiter nach Brettmühle ❸.

Brettmühle 🛏 ✗

🛏 ✗ Gasthof & Pension Brettmühle, Brettmühle 5, 09471 Königswalde, ☏ 037 33/42 96 39, 💻 brettmuehle.com, ✉ info@brettmuehle.com, EZ ab € 55, DZ ab € 85, inklusive Frühstück, ➲ 50 m vom Kammweg, der Hauptstraße folgen

Sie queren den Conduppelbach und biegen rechts in dessen Tal ab. Nun steigen Sie langsam über 2,2 km und 130 Höhenmeter zum Zigeunerfelsen auf ❹. Neben der Schutzhütte am Felsbrocken lädt auch eine Picknickgelegenheit zum Rasten ein. Der Felsen selbst erhielt seinen Namen wohl von dem fahrenden Volk, welches entweder hier zu ruhen pflegte oder zu der Anhöhe hin vertrieben wurde.

Von hier laufen Sie 1,4 km zur Landstraße nach Jöhstadt und biegen in diese links ein. Vorbei an einem geschlossenen alten Gasthaus wandern Sie 150 m an der Straße entlang und zweigen dann rechts in einen Wald- und Wiesenpfad ab. Dieser führt Sie parallel zur tschechischen Grenze zu einer Siedlung mit einem kleinen Grenzübergang und einem altansässigen Werk für Feuerlöschtechnik am Rande Jöhstadts.

Sie überqueren einen Bach und erreichen nach 1 km eine weitere Randsiedlung des Ortes. Hier steigen Sie geradeaus steil den Hang hinauf und biegen dann links ab. Jetzt laufen Sie oberhalb des Städtchens 1,5 km am Waldrand entlang bis zur Ausstellungshalle der Preßnitztalbahn ❺.

Jöhstadt 🛏 ✗ ⌘ 🚂

🛏 ✗ Gasthof Rathaus Hotel Jöhstadt, Markt 177, 09477 Jöhstadt, ☏ 03 73 43/215 03, 💻 www.rathaushoteljoehstadt.de oder www.rathaushotel.blogspot.com, ✉ rathaushotel@gmail.com, EZ ab € 40, DZ ab € 75, inklusive Frühstück, ➲ 1,5 km vom Kammweg, zweigen Sie vor der letzten Randsiedlung vom Kammweg ab und laufen Sie die Dürrenbergstraße und dann die Innere Bahnhofstraße zur Kirchstraße und biegen Sie in diese nach links ins Zentrum ab.

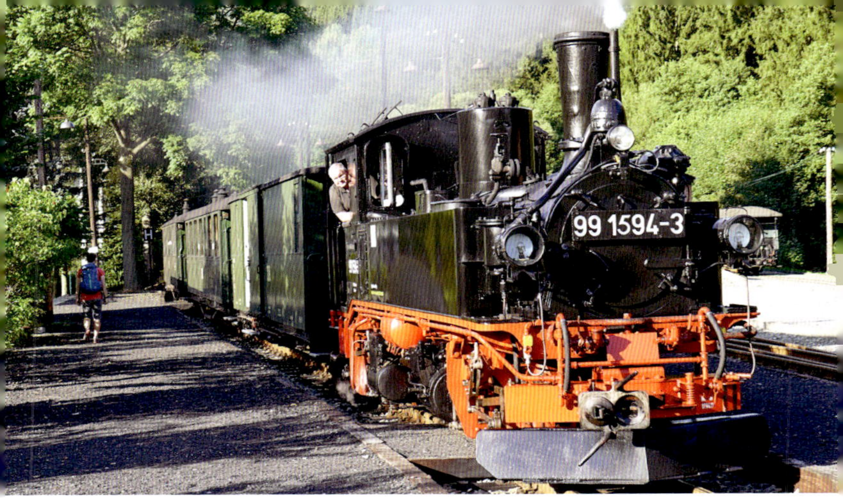

Preßnitztalbahn

🛏 Pension Schlösselmühle, Schlösselstraße 60, 09477 Jöhstadt, ☏ 03 73 43/26 66, 💻 www.schloesselmuehle.de, ✉ schloesselmuehle@web.de, EZ ab € 45, DZ ab € 78, inklusive Frühstück, ➲ laufen Sie von der Halle die Schlösselstraße 500 m talabwärts.

⌘ 🚂 IG Preßnitztalbahn e. V. Geschäftsstelle, Am Bahnhof 78, 09477 Jöhstadt, ☏ 03 73 43/80 80 37, 💻 www.pressnitztalbahn.de, ✉ verein@pressnitztalbahn.de, 🚪 wenn in der Ausstellungshalle gearbeitet wird, 2020 war keine Eintrittsgebühr zu entrichten.

🚂 Mai-Oktober an Wochenenden und Feiertagen nach Schmalzgrube und Steinbach, 💻 www.pressnitztalbahn.de.

Die Preßnitztalbahn verband ab 1892 Wolkenstein mit Jöhstadt und diente der Verkehrsanbindung des bis dahin schwer erreichbaren Tals. So wurde die Bahn vornehmlich genutzt, um Waren der ansässigen Sägewerke und Papiermühlen abzutransportieren. Ab 1970 führten die Behörden kaum noch Wartungsarbeiten an der Bahntrasse durch. Trotzdem war sie 1984 die Letzte der sächsischen Schmalspurbahnen, die stillgelegt und trotz der Proteste lokaler Bürgerinitiativen zu Teilen demontiert wurde. Ab Sommer 1990 begann ihr sukzessiver Wiederaufbau als Museumsbahn. Heute führt Sie von Steinbach nach Jöhstadt und ist mit fünf Dampflokomotiven und fast 40.000 Fahrgästen pro Jahr eines der beliebtesten touristischen Ziele der Region.

Hinter der Halle überqueren Sie die Hauptstraße und steigen kurz schräg links den Hang hinauf, bis der Weg Sie wieder sanft hinunter ins Preßnitztal und zu der Bahnstrecke führt. Vorbei an einer Quelle laufen Sie im Tal 3,3 km nach Schmalzgrube ❻.

Schmalzgrube

Pension Forellenhof, Schmalzgrube Hauptstraße 2a, 09477 Schmalzgrube, ☏ 03 73 43/21 00 77, www.pension.forellenhof.com, info@forellenhof.com, EZ ab € 32, DZ ab € 64 (+ € 10 Einzelnachtzuschlag), inklusive Frühstück, ➲ folgen Sie der Straße und der Bahnlinie 700 m talabwärts nach Norden. Die Pension liegt etwas außerhalb. Nebenan befindet sich ein Restaurant, das sich auf Fischgerichte spezialisiert hat.

Mai-Oktober an Wochenenden und Feiertagen nach Jöhstadt und Steinbach, www.pressnitztalbahn.de.

Bereits vor dem Bau der Schmalspurbahn war die Gemeinde eine Station auf der Postroute von Leipzig nach Prag, die August der Starke im 17. Jahrhundert anordnete. Sie führte zunächst von Leipzig nach Annaberg und wurde später über Schmalzgrube und Satzung bis nach Prag erweitert. An einigen Stellen kann der Besucher noch heute die entsprechenden Postsäulen bewundern.

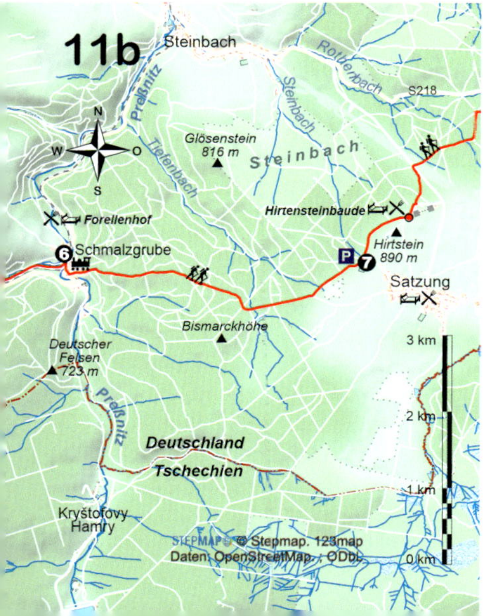

Kurz vor dem Bahnhof überqueren Sie rechts die Gleise und laufen die Hauptstraße im Ort 180 m entlang, bis der Kammweg nach links abzweigt. Hier steigen Sie steil zunächst auf einer Asphaltstraße und später auf einem Waldweg den Hang hinauf. Es gilt, über 1,7 km etwa 250 Höhenmeter zu bewältigen. Oben flacht der Anstieg langsam ab, bis Sie nach der Überquerung einer

Forststraße bei km 20,3 auf das Hochplateau von Satzung treffen. Hier entdecken Sie eine Erinnerungstafel zum Tode des lustigen Hans, der als Wilderer in der Region sein Unwesen trieb und hier erschossen wurde.

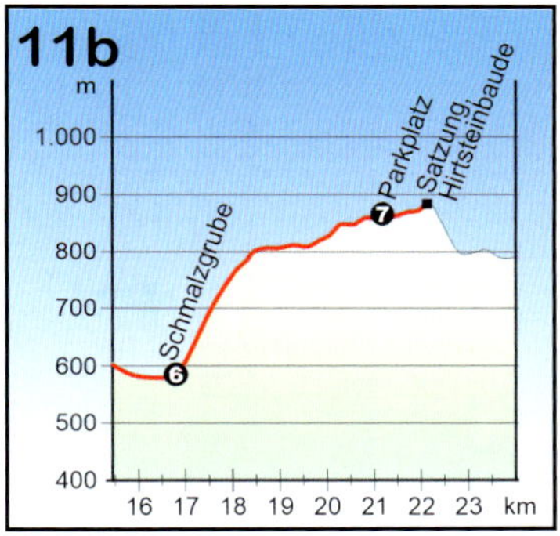

Der gleich markierte WDE führt hier geradeaus weiter.

Sollten Sie im Ort übernachten, können Sie hier dem WDE nach Satzung folgen.

Satzung

Gasthof & Pension Erbgericht, Satzunger Hauptstr. 85, 09496 Satzung, ☏ 03 73 64/82 73, www.erbgericht.hirtstein.de, erbgericht@hirtstein.de, EZ ab € 32, DZ ab € 58 (+ € 10 Einzelnachtzuschlag), inklusive Frühstück, 1,2 km vom Kammweg in Satzung, ⊙

♦ Uhlig's Gasthof, Satzunger Hauptstraße 84, 09496 Satzung, ☏ 03 73 64/84 55, www.uhligs-gasthof.de, info@uhligs-gasthof.de, EZ ab € 25, DZ ab € 50, inklusive Frühstück, 1,2 km vom Kammweg in Satzung

Der Kammweg biegt jedoch nach links auf einen Wiesenweg ab und Sie laufen am Waldrand zum Wanderparkplatz von Satzung ❼. Nach weiteren 900 m erreichen Sie den Hirtstein. Neben dem Hirtstein entdecken Sie einen 15 m hohen säulenartigen Basaltaufbruch, der an den Vulkanismus im Erzgebirge vor 24 Mio. Jahren erinnert.

Bergasthof & Pension Hirtensteinbaude, Am Hirtstein 3, Satzung, 09496 Marienberg, ☏ 03 73 64/128 44, www.hirtsteinbaude.de, info@hirtsteinbaude.de, EZ ab € 40, DZ ab € 60 (+ € 7,50 Einzelnachtzuschlag), inklusive Frühstück, direkt am Kammweg

Hirtensteinbungalow, Am Hirtstein 4, 09496 Marienberg, ☏ 037 35/77 89 40, 01 73/701 63 04, www.hirtsteinbungalow-erzgebirge.de, hirtsteinbungalow@gmx.de, EZ ab € 45, DZ ab € 65, Frühstück € 8,50, direkt am Kammweg

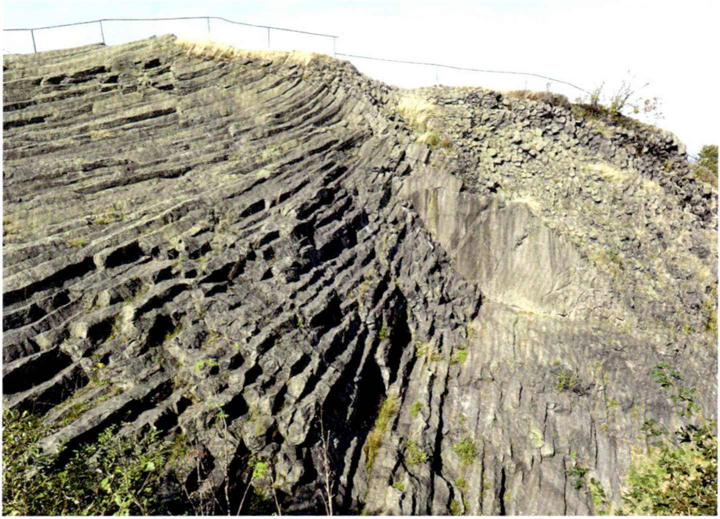

Basaltfächer bei Hirtstein

12. Etappe: Satzung, Hirtstein – Kühnhaide

14 km, 4 Std. 30 Min., ↑ 67 m, ↓ 247 m, ⇧ 696-885 m

0,0 km	⇧ 882 m	Satzung, Hirtstein
3,6 km	⇧ 767 m	Unterführung B174
5,2 km	⇧ 763 m	Reitzenhain, Ortseingang ()
7,2 km	⇧ 747 m	altes Torfwerk
9,8 km	⇧ 735 m	Kühnhaide, Fußballplatz
12,7 km	⇧ 717 m	Rastplatz
14,0 km	⇧ 701 m	Kühnhaide, Parkplatz Schwarzwasser

Auf der heutigen Etappe wandern Sie nach dem Abstieg vom Hirtstein im Tal der Schwarzen Pockau durch zum Teil naturbelassene Moorlandschaften bis Kühnhaide und können dabei den geschichtlichen Wandel der Hochmoore unmittelbar erleben. Am Ziel gibt es nur eine Übernachtungsmöglichkeit. Sofern diese belegt sein sollte, können Sie 4,1 km weiter nach Rübenau laufen.

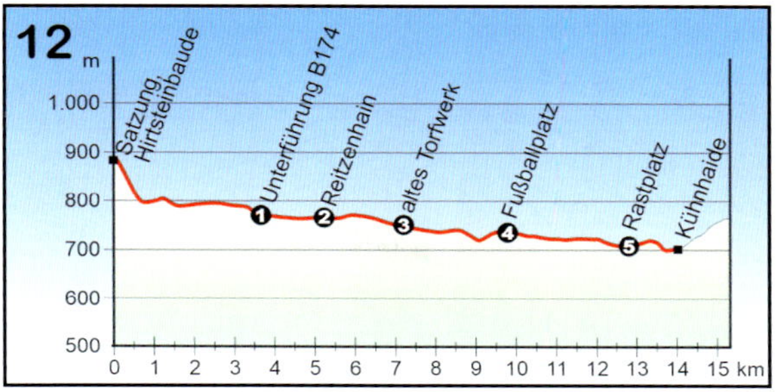

Vom Hirtstein gehen Sie am Basaltfächer vorbei und gelangen an eine asphaltierte Straße, der Sie kurz folgen, um dann links in einen Waldweg Richtung Reißigmühle abzuknicken. Nach 500 m überqueren Sie die Landstraße aus Satzung und wandern weiter den Weg abwärts, bis Sie erneut zu einer Straße kommen und bei dieser links auf einem parallel zu ihr verlaufenden Trampelpfad einbiegen. 250 m später wechseln Sie nach rechts in eine Straße, die Sie zur Unterführung der B174 bringt ❶.

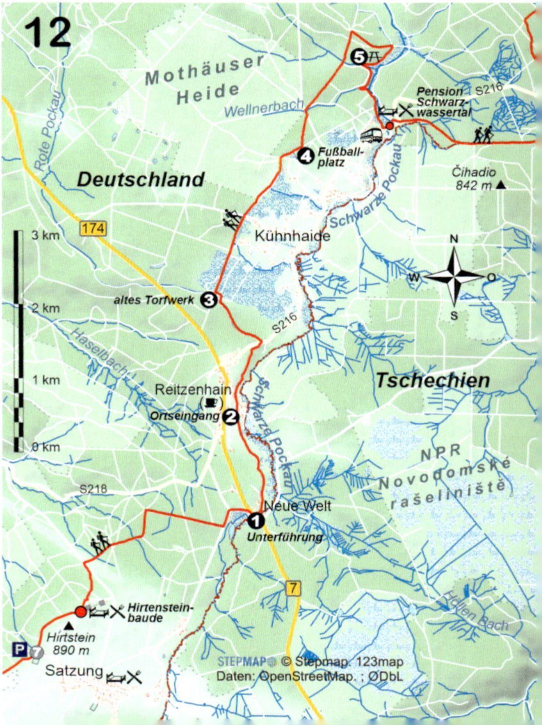

Hier treffen Sie auf die Schwarze Pockau oder tschechisch Černá. Der naturbelassene Bach markiert bis hinter Kühnheide die deutsch-tschechische Grenze und färbt sich durch das abfließende Wasser der umliegenden Hochmoore schwarz.

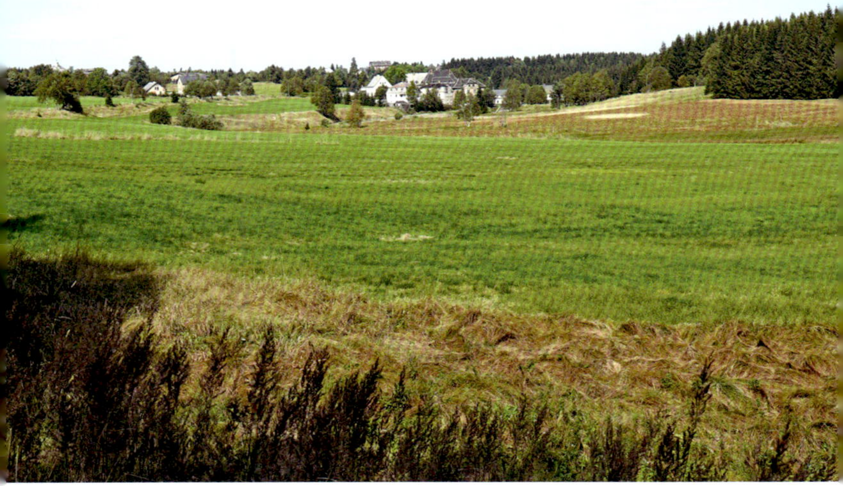

Moorlandschaft bei Reitzenhain

Schon früh wurde seine Wasserkraft durch verschiedene Mühlen genutzt, was die am Wegesrand aufgebauten Mühlsteine bezeugen.

Am Rand des Moorgebietes wandern Sie 1,6 km weiter nach Reitzenhain ❷. Die Ortschaft war seit jeher ein Grenzort zum benachbarten Böhmen. Aufgrund der wichtigen militärischen Lage des nahe gelegenen Reitzenhainer Passes besetzten Soldaten im Dreißigjährigen und im Siebenjährigen Krieg häufig die Gemeinde. Heute wirkt der Ort mit seinen großen Häusern verlassen. Aber mit ein bisschen Glück hat die örtliche Bäckerei geöffnet.

Hinter dieser biegen Sie rechts in einen Weg ein, der waagerecht an und über einem Wasserkanal entlangführt. 900 m weiter überqueren Sie eine Straße und laufen dann 1 km bis zum alten Torfwerk ❸. Dabei entdecken Sie linker Hand eine demontierte Bahnlinie, die früher nach Böhmen führte.

Seit dem 13. Jahrhundert werden die Moore im Erzgebirge zur Gewinnung von Brenntorf genutzt. Auf dem Höhepunkt des Abbaus im 19. Jahrhundert begann man zusätzlich, die Moore durch Grabensysteme tiefgründig zu entwässern, um Fichtenkulturen anzupflanzen. Heute sind die Hochmoore geschützt, da sie klimaschädliche Treibhausgase binden.

Die erzgebirgischen Hochmoore entstanden mit dem Ende der letzten Eiszeit vor etwa 10.000 Jahren. Durch den damals noch anhaltenden Permafrostboden und wasserundurchlässige Böden wie Lehm wurde das Versickern von Quellwasser verhindert. Mit zunehmender Erwärmung und Niederschlägen breiteten sich Moose aus, die die Moore weiter vergrößerten und zur Torfbildung führten. Vor dem Torfabbau hatte das Moorgebiet der Stengelhaide eine Mächtigkeit von 5-6 m.

Sie laufen um das alte Torfwerk herum und biegen dann nach rechts in einen Moorpfad ab, der Sie durch einen Wald von Moorbirken führt.

Wenige Meter weiter können Sie links des Pfades im Boden einen mit Gitter bedeckten „Mönch" entdecken. Dieser ist ein Regulierbauwerk und dient dem Ausgleich des Wasserstandes auf beiden Seiten des Weges. Nach 1,1 km überqueren Sie eine nach Kühnhaide führende Landstraße und laufen 1,3 km bis zum Kühnhaider Fußballplatz ❹.

Vorsicht! Der WDE verläuft hier geradeaus weiter und stellt eine Abkürzung von etwa 2,5 km dar. An der Schwarzen Pockau trifft er dann wieder auf den Kammweg.

Sie zweigen am Fußballfeld schräg links in den Wald ab und erreichen 400 m später eine asphaltierte Straße, der Sie links bis zu einem Rastplatz folgen. Hier biegen Sie rechts ein und laufen 1,3 km, bis Sie auf eine T-Kreuzung stoßen und sich wieder rechts wenden. 500 m später treffen Sie auf einen Pfad, der Sie nach rechts an der eindrucksvollen Moorlandschaft der Schwarzen Pockau entlang über einen Rastplatz ❺ nach 1,5 km zur Weggabelung führt, an der der WDE wieder auf den Kammweg stößt. Hier wandern Sie geradeaus und entdecken nach 100 m den Entwässerungskanal Grüner Graben, wo das schwarze Wasser des Moores in den Bach geleitet wird. Kurz darauf erreichen Sie den Wanderparkplatz gegenüber der Pension Schwarzwassertal.

Kühnhaide

Pension Schwarzwassertal, Familie Hunger, Am Schwarzwasser 6, 09496 Kühnheide, ☏ 03 73 64/87 10, www.schwarzwassertal.kuehnhaide.de, EZ ab € 30, DZ ab € 60, inklusive Frühstück, ➲ direkt am Kammweg

Wochentags fährt morgens ein Bus über Rübenau zum Bahnhof nach Olbernhau-Grünthal.

Die Streusiedlung Kühnhaide bildete sich ab dem 16. Jahrhundert, als ein Lehngut mit Mühle an der Furt über die Schwarze Pockau errichtet wurde. Bis Mitte des 19. Jahrhunderts erzeugte man vor Ort in einem Hochofen Roheisen. Nach der Stilllegung des Werks waren die Herstellung von Spitzen und die Torfgewinnung wichtige Wirtschaftszweige. Zu DDR-Zeiten stellte der ansässige VEB (Volkseigener Betrieb) Federball- und Minigolfschläger her. Die Unternehmen überlebten jedoch nach der Wende nicht.

13. Etappe: Kühnhaide – Olbernhau

20,8 km, 7 Std., 354 m, 594 m, 463-764 m

0,0 km	701 m	Kühnhaide, Parkplatz Schwarzwasser
2,5 km	742 m	Blick auf Rübenau
4,1 km	668 m	Rübenau, Bushaltestelle „Rübenau Heidenweg"
6,9 km	756 m	Lehmheider Teich
11,2 km	619 m	Lochmühle
12,7 km	652 m	alte Steinbrücke
16,5 km	680 m	Stößerfelsen, Rastplatz
19,5 km	480 m	Rothenthaler Straße, Überquerung
20,8 km	473 m	Olbernhau-Grünthal, Saigerhütte BANK

Die Etappe führt über einige Auf- und Abstiege um Rübenau herum, vorbei am Lehmheider Teich und dem Stößerfelsen zur Saigerhütte in Olbernhau-Grünthal. In dem Museumsdorf erhalten Sie den einmaligen Einblick in das erzgebirgische Hüttenwesen und die Bedingungen, unter denen die Menschen damals gearbeitet und gelebt haben.

Vom Wanderparkplatz wechseln Sie zur anderen Seite der Schwarzen Pockau, biegen rechts in den Weg ein und überqueren die Landstraße nach Rübenau. Auf dem gegenüberliegenden Waldweg wandern Sie geradeaus weiter, bis Sie, kurz bevor Sie aus dem Wald treten, linker Hand ein früheres Forsthaus sehen. Hier laufen Sie schräg rechts vor dem Waldrand 300 m zu einer asphaltierten Straße und einem Bauernhof ❶. Dort können Sie einen weiten Blick auf die Streusiedlung von Rübenau genießen, die früher aus vier eigenen Ortsteilen bestand.

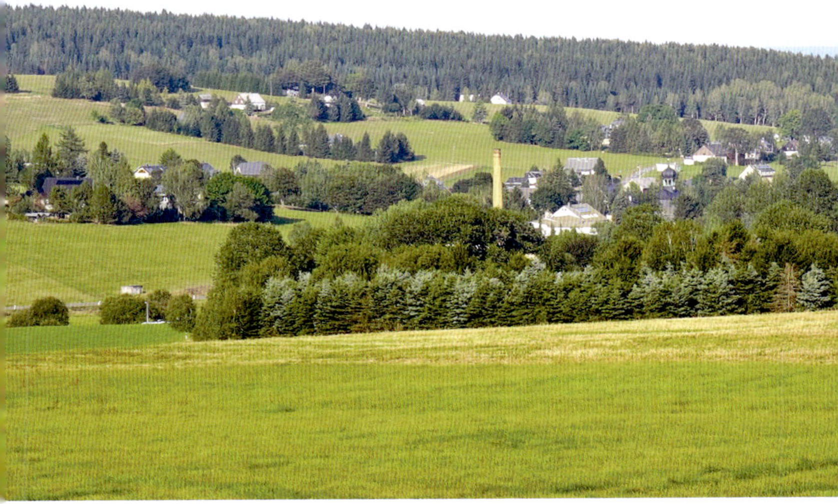

Blick auf Rübenau

Sie gehen die Straße für 400 m nach rechts zu einer kleinen Ansiedlung. Hier wandern Sie den Wiesenweg 1 km hinunter nach Rübenau und stoßen auf die Kühnhaidner Hauptstraße mit der Bushaltestelle „Rübenau Heidenweg" ❷.

Wer den Kammweg um 4,3 km abkürzen möchte oder im Ort übernachten will, läuft die Kühnhaidner Hauptstraße 700 m entlang, vorbei an der Bushaltestelle „Rübenau Dorfplatz", ins Zentrum, biegt dann nach links in die Zöblitzer Straße ein und nimmt oberhalb der sechseckigen Dorfkirche den Hammerweg nach rechts, der 700 m später wieder auf den Kammweg stößt.

Rübenau

Bergschänke Rübenau, Bärbel Hetze, Bergweg 3, 09496 Rübenau, 03 73 66/62 58, 01 71/835 36 75, www.berg-schaenke.de, info@berg-schaenke.de, EZ ab € 37, DZ ab € 74, inklusive Frühstück, 500 m vom Kammweg, auf dem Weg zum Dorf am südlichen Hang gelegen

♦ Gasthaus Rübenau, Einsiedlstraße 38, 09496 Rübenau, 01 62/928 45 86, www.gasthausruebenau.de, info@gasthausruebenau.de, EZ & DZ ab € 55, inklusive Frühstück, 1,3 km vom Kammweg. Biegen Sie im Dorfzentrum rechts in die Einsiedlstraße ab. Sie können dann steil den Kuhbergweg hochlaufen, der oben wieder auf die Einsiedlstraße trifft, oder die Serpentine der Einsiedlstraße laufen.

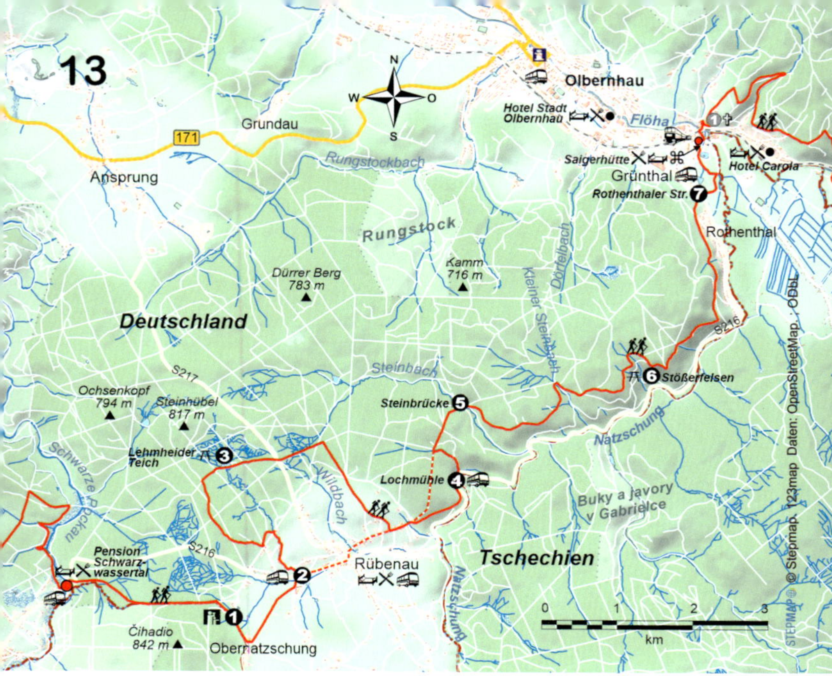

Von „Rübenau Heidenweg“ fährt wochentags morgens ein Bus zum Bahnhof Olbernhau-Grünthal, von „Rübenau Dorfplatz“ fährt in der Woche fünfmal täglich ein Bus zum Bahnhof Olbernhau-Grünthal.

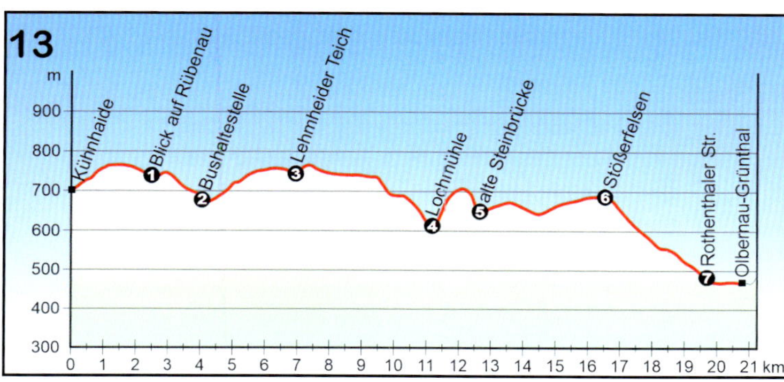

Die Gemeinde Rübenau, am gleichnamigen Bach gelegen, wurde im 16. Jahrhundert von Holzfällern und Köhlern besiedelt. Im Laufe der Jahre kam das Sensenschmieden als Einnahmequelle hinzu. Später baute man die Schmiedekunst weiter aus und spezialisierte sich zusätzlich auf Waffen und Nägel. So erhielt der Ort den Beinamen „Dorf der Schmiede".

Der Kammweg führt Sie geradeaus weiter über den Lehmheider Bach zu einer Häusersiedlung. Dort steigen Sie am Wasserlauf auf einem Wiesenweg den Hang hinauf. Der gleichfalls hier verlaufende Naturlehrpfad lädt Sie ein, mehr über die Pflanzen der Region zu erfahren. 800 m später stoßen Sie auf eine Straße und überqueren eine Brücke. Hinter ihr biegen Sie rechts in den Wald, gelangen aber 300 m weiter wieder zur Straße. Hier laufen Sie rechts und sofort wieder schräg rechts 1,3 km in einem großen Bogen bis zu einer Waldkreuzung. Dort halten Sie sich erneut rechts und erreichen 400 m weiter den Lehmheider Teich ❸.

Der Lehmheider Teich ist ein sogenannter Floßteich. Er wurde Ende des 16. Jahrhunderts angelegt, um den Wasserstand des gleichnamigen Baches für den Abtransport von Bäumen zu regulieren. Mit 756 m ist er einer der höchstgelegenen Teiche im mittleren Erzgebirge.

Lehmheider Teich

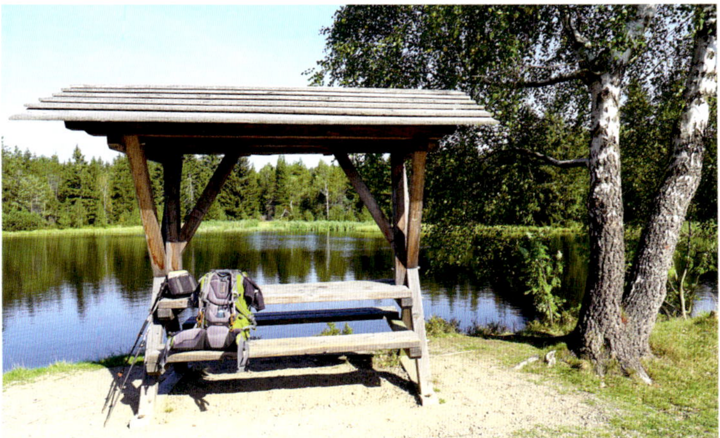

Vom Gewässer wandern Sie geradeaus, wechseln auf die andere Seite der Görkauer Straße und biegen 700 m später rechts in einen Forstweg. (☝ Der E3 zweigt schon einen Weg zuvor nach Olbernhau ab.) Über den Kammweg gelangen Sie am Waldrand zu einer Waldstraße, überqueren diese und laufen auf einem Feld- und Wiesenweg den Hang hinab. An einer Weggabelung 500 m weiter halten Sie sich links und stoßen unten auf den asphaltierten Hammerweg (hier trifft die zuvor beschriebene Abkürzung wieder auf den Weg), in den Sie nach links einbiegen. Sie folgen ihm 300 m und laufen dann rechts einen Waldweg hinunter, der Sie ins Tal der Natzung und zur ehemaligen Lochmühle führt ❹ (🚌 sechsmal täglich zum Bahnhof Olbernhau-Grünthal).

↳ Alternativ können Sie auf der Verlängerung des Hammerweges bleiben, um die Höhendifferenz zum Tal der Natzung zu vermeiden (Ersparnis: 800 m).

Von der Lochmühle laufen Sie steil den Waldhang 100 Höhenmeter hinauf, bis Sie wieder auf den Forstweg stoßen, von dem Sie zuvor abgezweigt sind. Diesen wandern Sie nach rechts weiter und biegen 400 m später schräg rechts hinunter ins Steinbachtal. Über eine alte Steinbrücke gelangen Sie auf die andere Seite des Baches ❺.

Der Kammweg führt Sie nun wieder den Hang hinauf und windet sich um mehrere Bergrücken bis zum Stößerfelsen ❻. Der Felsen verdankt seinen Namen den im 19. Jahrhundert hier nistenden Wanderfalken, die im Volksmund „Stößer" genannt wurden. Hier können Sie Ihren Blick über das Natzungtal schweifen lassen und rasten. Weiter wandern Sie den alten Stößerweg 2,8 km hinab und nehmen dann einen kleinen, asphaltierten Weg 200 m zur Rothenthaler Straße ❼. Diese sowie einen Bachlauf überqueren Sie rechts versetzt und laufen durch die Auenlandschaft der Natzung, welche hier in die Flöha mündet, zur Saigerhütte. An einer Straße biegen Sie nach links zum Hüttenteich, der als Wasserspeicher für den Blasebalg des Hüttenwerks angelegt wurde. Schließlich gelangen Sie über die Hüttenpforte in das Museumsdorf.

Olbernhau

i Touristeninformation, Grünthaler Straße 20, 09526 Olbernhau, ☎ 03 73 60/68 98 66, 💻 www.olbernhau.de, Mo, Di, Do, Fr 10:00-17:00, Mi & Sa 10:00-13:00

🛏 ✕ Hotel Saigerhütte, In der Hütte 4 und 9, 09526 Olbernhau, ☎ 03 73 60/78 70, 💻 www.saigerhuette.de, ✉ info@saigerhuette.de, EZ ab € 55, DZ ab € 90, inklusive Frühstück, ➲ direkt am Kammweg, ⊙

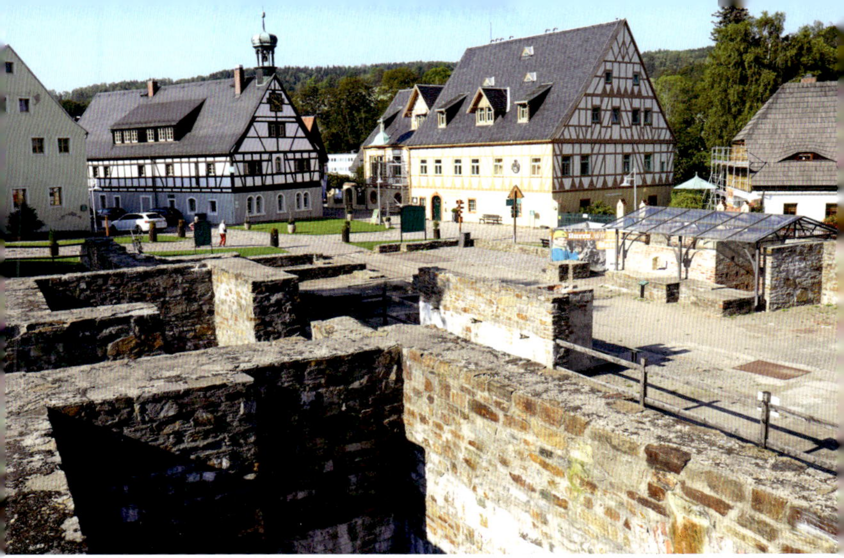

Saigerhütte

🛏 ✕ Gaststätte und Hotel Carola, Zollstraße 37, 09526 Olbernhau, ☏ 03 73 60/726 62, 💻 www.hotel-carola-olbernhau.de oder www.hotel-carola-erzgebirge.de, ✉ hotelcarola@t-online.de, EZ ab € 50, DZ ab € 70, inklusive Frühstück., ➲ 1 km entfernt im Ortsteil Oberneuschönberg, folgen Sie dem Kammweg über die Brücke, laufen dann aber die Zollstraße im Tal weiter bis zum Hotel. Alternativ können Sie auch dem Kammweg noch 3,6 km weiter folgen und bei der beschriebenen Kreuzung von oben nach Oberneuschönberg gehen (siehe Etappe 14). Hier nehmen Sie dann den Zechenweg runter ins Tal, gelangen zur Alten Straße, gehen 50 m nach rechts und biegen dann links in einen Fußweg zur Zollstraße ein. Die Zollstraße laufen Sie nach links stadtauswärts und erreichen 250 m später das Hotel.

♦ Hotel Stadt Olbernhau, Grünthaler Straße 85, 09526 Olbernhau, ☏ 03 73 60/753 54, 💻 www.hotelstadtolbernhau.de, ✉ info@hotelstadtolbernhau.de, EZ ab € 42, DZ ab € 68, Frühstück € 12, ➲ 1,5 km stadteinwärts, nehmen Sie die Grünthalerstraße.

⌘ Museum Saigerhütte – Kupferhammer Olbernhau, In der Hütte 10, 09526 Olbernhau, ☏ 03 73 60/733 67, 💻 www.olbernhau.de, 🚪 März-Dezember Di-So 9:30-16:30, Eintrittspreis Ausstellung € 3, Kupferhammer ab € 4,50, kombiniert € 6, ⊙

🚆 Wochentags besteht stündlich eine direkte Verbindung nach Chemnitz, am Wochenende alle 2 Stunden.

🚌 Es fährt täglich alle 2 Stunden ein Bus nach Seiffen.

Die Saigerhütte verdankt ihren Namen dem im 15. Jahrhundert entwickelten gleichnamigen Verfahren der Silbergewinnung, dem Seigern oder altdeutsch Saigern. Dieses hatte zwei wesentliche Vorteile: Zum einen konnte durch die Verschmelzung mit Blei dem silberhaltigen Schwarzkupfer dessen Silbergehalt entzogen werden. Zum anderen entfielen die Abgaben an den Landesherren, der das Monopol über Bodenschätze hatte und beim Abbau stets 10 % des Silbererzes einbehielt: Das sich im Schwarzkupfer befindliche Silber war ja bereits abgebaut. Damalige Handelshäuser wie die Fugger oder Welser hatten darum an diesem Verfahren großes Interesse. Für die Wahl des Standorts des Hüttenwerks 1538 waren Wasser- und Waldreichtum entscheidend. Kupfer und Blei dagegen mussten aus sächsischen und böhmischen Nachbarregionen angeliefert werden. So entstand sukzessiv ein Komplex aus Produktions-, Verarbeitungs-, Verwaltungs- und Wohngebäuden, welcher bis nach dem Zweiten Weltkrieg genutzt wurde und heute als Museum zum UNESCO-Weltkulturerbe Montanregion Erzgebirge zählt.

14. Etappe: Olbernhau – Seiffen

➲ 11 km, ⌛ 3 Std. 30 Min., ↑ 492 m, ↓ 333 m, ⇧ 471-683 m

0,0 km	⇧ 473 m	Olbernhau-Grünthal, Saigerhütte
0,6 km	⇧ 506 m	Oberneuschönberger Kirche
5,2 km	⇧ 476 m	Brücke über die Flöha
5,7 km	⇧ 530 m	Rast- und Aussichtspunkt
9,2 km	⇧ 571 m	Straßenüberquerung
10,6 km	⇧ 649 m	Skilift am Reicheltberg
11,0 km	⇧ 631 m	Seiffen, Bergkirche

Die heutige Etappe führt Sie, begleitet von mehreren Auf- und Abstiegen, über die Oberneuschönberger Kirche durch das Flöhatal nach Seiffen. Dort sollten Sie sich Zeit nehmen, um einige Holzkunstschauwerkstätten und den Zinnbergbausteig zu erkunden.

Vom Zentrum der Saigerhütte wandern Sie in Richtung Kupferhammermuseum, biegen vor diesem links ab und laufen aus dem Museumsdorf hinaus. Sie überqueren die Bahnlinie nach Neuhausen, die 1895 gebaut und 2010 wieder instand gesetzt wurde, und die Straßenbrücke über die Flöha, deren Brückenvor-

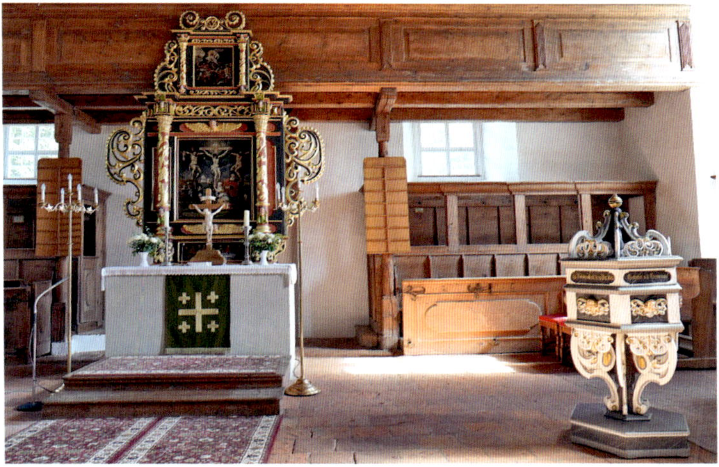

Oberneuschönberger Kirche

gänger 1851 die erste Stahlbaugitterbrücke Deutschlands war. An der Bergseite der Grünthalerstraße steigen Sie steil hinauf zur Oberneuschönberger Kirche ❶.

Nach dem Dreißigjährigen Krieg siedelten sich im sächsisch-böhmischen Grenzgebiet evangelische Glaubensflüchtlinge an, sogenannte Exulanten. Diese mussten, bedingt durch das Restitutionsedikt von Kaiser Ferdinand II. aus dem Jahr 1629, ihre böhmische Heimat verlassen. Die dortige protestantische Obrigkeit zwang man durch das Edikt zum Konfessionswechsel. Auch mit dem Westfälischen Frieden 1648 änderte sich an dieser Situation nichts. Zwar wurde den deutschen Christen die Religionsfreiheit gewährt, die böhmischen jedoch davon ausgenommen. So fanden die ersten acht evangelischen Familien aus Böhmen 1951 im Kurfürstentum Sachsen Schutz. 1661 weihten sie ihre kleine Holzkirche ein und erweiterten diese schon 30 Jahre später zu einer größeren und massiveren Kirche, die seit 1694 fast unverändert geblieben ist.

Von dort steigen Sie weitere 80 Höhenmeter den Wiesenhang hinauf und knicken bei km 1,2 rechts in den Wald ab. Bei einer Weggabelung nehmen Sie den linken Zweig um den Bergrücken und laufen zu einem Bach, dem Sie rechts talabwärts folgen.

Sollte Ihr Rucksack auf diesem Teilstück des Kammweges schwerer als üblich sein, so liegt das wahrscheinlich an dem Hüttenmatthes, der auf demselben sitzt. Der Sage nach war der Hammerverwalter Matthes von dem Reichtum des russischen Zaren Peter I., der die Saigerhütte im September 1711 besucht haben soll, so geblendet, dass er einen Pakt mit dem Teufel einging, um ebenfalls zu Reichtum zu gelangen. Als Gegenleistung versprach der bis dahin kinderlose Matthes dem Beelzebub seinen ältesten Sohn. Dummerweise wurde er doch Vater und ihn ergriff das Grauen beim Gedanken, seinen einzigen Nachkommen zu verlieren. Da versuchte er über einen weisen Mann nochmals mit dem Leibhaftigen zu verhandeln, belauschte aber entgegen der Abmachung das Gespräch mit diesem und verkroch sich, als der Pferdefuß es bemerkte, in einer Hundehütte. Erbost verwandelte ihn der Teufel in einen schwarzen Rüden. Einem Wanderer, der ihn neckt, springt der seitdem herumirrende Hund gerne auf den Rücken und lässt sich ein Stück des Weges tragen.

Wiese oberhalb Seiffens

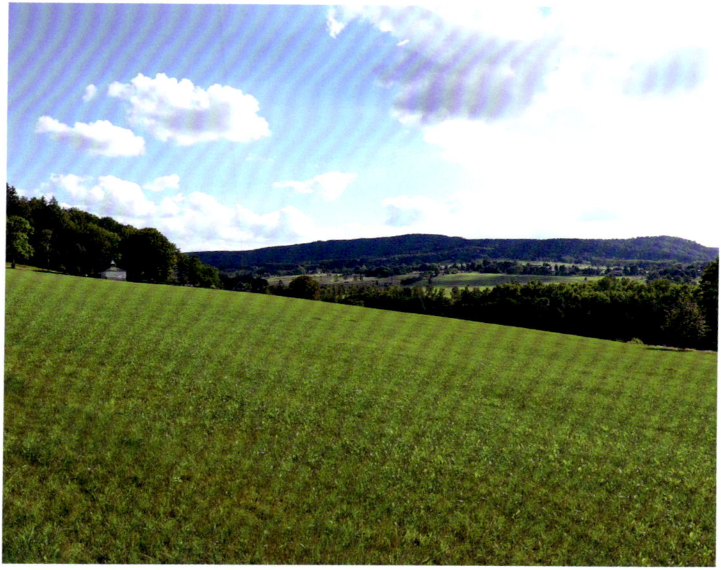

An einer Weggabelung halten Sie sich links und laufen oberhalb von Oberneuschönberg weiter, bis Sie bei km 3,6 an eine Kreuzung gelangen. Hier steigen Sie geradeaus 50 Höhenmeter den Weg nach oben, um dann rechts hinunter zur Flöha abzubiegen. Sie überqueren die Bahnlinie und eine befahrene Brücke ❷.

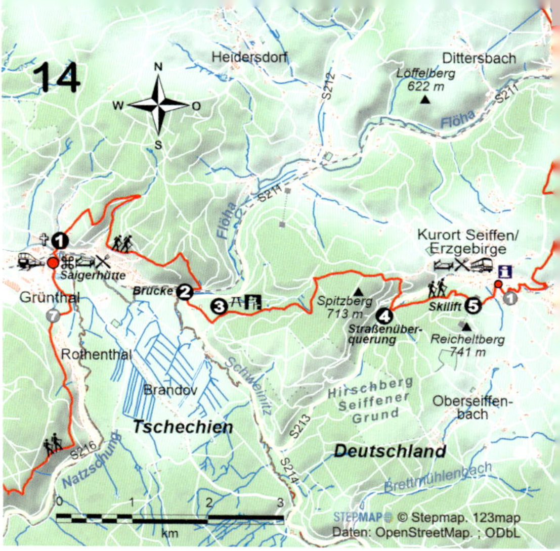

Auf der anderen Seite des Flusses folgen Sie 80 m der Straße, gehen über eine Kreuzung und wandern einen Wiesenhang zu einigen Bauernhöfen hoch. Am Waldrand biegen Sie nach links und erreichen 150 m später einen Rastplatz mit einer Aussicht auf das Flöhatal ❸.

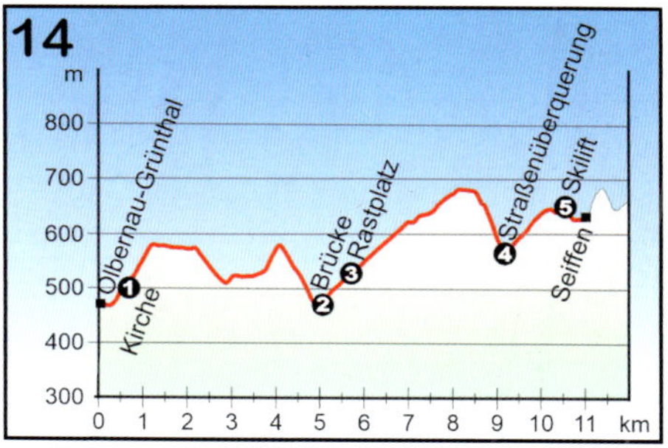

Von hier steigen Sie weitere 150 Höhenmeter und 2,5 km hoch. Bei km 8,5 kommen Sie zur Wettinhöhe, einer Waldlichtung mit dem ersten Blick auf Seiffen, und einer asphaltierten Straße, die nach Seiffen führt. Sie biegen jedoch rechts ab und wandern in einer Linksschleife am Waldrand entlang. Hinter der hinzustoßenden Mountainbikeabfahrt (EBM) knicken Sie steil rechts den Hang hinunter ab und laufen auf einem schmalen Pfad zum Seiffenbach, wo Sie die Hauptstraße überqueren ❹.

Sie folgen der Straße 50 m nach rechts über eine kleine Brücke, um dann linker Hand zum Wald hin abzubiegen. Am Waldrand gelangen Sie auf einen Waldweg und gehen 80 Höhenmeter hinauf zu einer Wiese oberhalb Seiffens.

↳ An der Weggabelung führt Sie der linke Zweig direkt nach Seiffen mit seinen Holzspielzeugläden.

Der Kammweg steigt jedoch 50 m steil den Waldhang hinauf, um oben links abzuknicken und bald darauf am Waldrand den Skilift am Reicheltberg zu erreichen ❺. Von dort laufen Sie in einer Kurve zur Bergkirche von Seiffen.

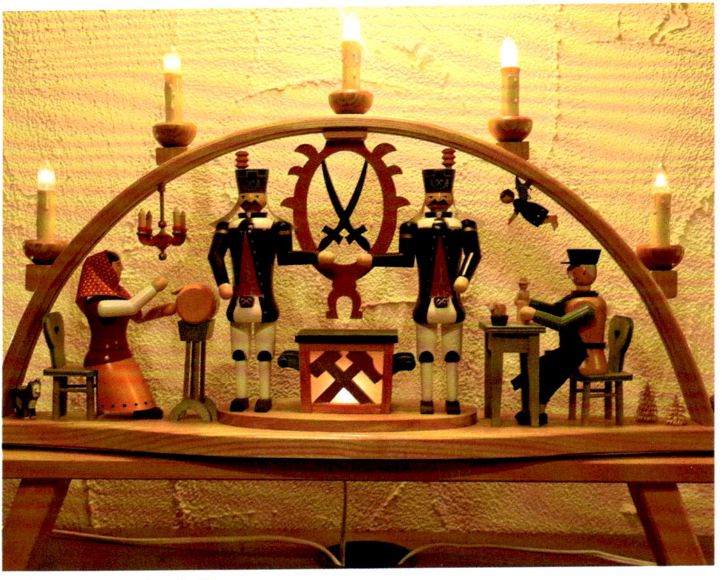

Schwippbogen in Seiffen

Seiffen

i Touristeninformation im Spielzeugmuseum, 1. OG (☞ siehe Museum), ☏ 03 73 62/84 38, www.seiffen.de, info@touristinfo-seiffen.de, Mo-Fr 10:00-16:00, ⊙

Hotel Sonne, Bergmannsweg 1, 09548 Seiffen, ☏ 03 73 62/769 95, www.hotel-sonne-erzgebirge.de, info@hotel-sonne-erzgebirge.de, EZ & DZ ab € 80, inklusive Frühstück, ➲ direkt am Kammweg, folgen Sie der nächsten Etappe

Pension Spielzeughof, Hauptstraße 107, 09548 Seiffen, ☏ 03 73 62/77 30, www.pension-spielzeughof.com, buchung@pension-spielzeughof.com, EZ ab € 33, DZ ab € 55, inklusive Frühstück, ➲ 100 m vom Kammweg, folgen Sie der nächsten Etappe und biegen am oder hinter dem Hotel Sonne links in die Straße An der Binge oder in die Hauptstraße ab.

♦ Hotel Nußknackerbaude, Nußknackerstraße 20, 09548 Seiffen, ☏ 03 73 62/790, www.nussknackerbaude.de, hotel@nussknackerbaude.de, EZ ab € 60, DZ ab € 78, inklusive Frühstück, ➲ 200 m vom Kammweg, laufen Sie den Weg weiter, biegen aber, bevor Sie zum Hotel Sonne hinablaufen, nach rechts zum Bergmannsweg und zur Nußknackerstraße ab.

♦ Buntes Haus Seiffen – Hotel Erbgericht, Hauptstraße 94, 09548 Seiffen, ☏ 03 73 62/77 60, www.buntes-haus.com, buntes-haus@erzgebirgshotels.de, EZ ab € 61, DZ ab € 93, inklusive Frühstück, ➲ 200 m vom Kammweg im Zentrum, laufen Sie von der Kirche die Deutschneudorfer Straße hinunter zur Hauptstraße. ⊙

⌘ Erzgebirgisches Spielzeugmuseum, Hauptstraße 73, 09548 Seiffen, ☏ 03 73 62/170 19, www.spielzeugmuseum-seiffen.de, museum@spielzeugmuseum-seiffen.de, täglich 10:00-17:00, Eintritt € 7, ⊙

Es fährt täglich alle 2 Stunden ein Bus nach Olbernhau-Grünthal.

Seiffen verdankt seine Entstehung dem Zinnbergbau. Ab Anfang des 14. Jahrhunderts wusch man das schwerere Zinn aus dem Sand und Kies des Seiffenbaches. Die Lagerstätten bezeichnet man als „Seifen". In der Mitte des 15. Jahrhunderts ging man dazu über, das Zinn direkt aus festem Gestein zu gewinnen. Dazu wurden nicht weit von der heutigen Seiffener Bergkirche auf 9 ha bis zu einer Tiefe von 30 m Felsen abgetragen. Auf der nächsten Etappe können Sie den Abbau besichtigen. Ab 1635 siedelten sich auch hier böhmische Exulanten an. Da nicht alle Einwohner Arbeit im Bergbau fanden, gingen viele notgedrungen dazu über, in der Holzverarbeitung tätig zu werden. So wurden zunächst Gebrauchsgegenstände wie Schaufeln, Schüsseln und Teller aus Holz gefertigt. Als Ende des 18. Jahrhunderts, die Zinnlagerstätte erschöpft war, wechselten viele Seiffener Bergleute ebenfalls in das Holzhandwerk. Neben Alltagsgegenständen stellte man nun Spielzeug her, welches schon Ende des 18. Jahrhunderts nach Übersee exportiert wurde. In diesen Zeitraum fällt auch der Bau der Seiffener Bergkirche, die der Dresdner Frauenkirche nachempfunden ist. Heute besuchen an den Adventswochenenden über 30.000 Menschen die zahlreichen Schauwerkstätten des Ortes.

15. Etappe: Seiffen – Kreuztanne (bei Sayda)

➲ *10,2 km,* ⌛ *3 Std. 30 Min.,* ↑ *347 m,* ↓ *360 m,* ⇧ *530-787 m*

0,0 km	⇧ 631 m	Seiffen, Bergkirche
0,2 km	⇧ 670 m	Bergbaulehrpfad
2,7 km	⇧ 787 m	Schwartenbergbaude
5,3 km	⇧ 530 m	Neuhausen, Flöhabrücke
7,3 km	⇧ 657 m	Unterstand
8,8 km	⇧ 691 m	EUGAL-Gasleitung
10,2 km	⇧ 691 m	Kreuztanne (bei Sayda)

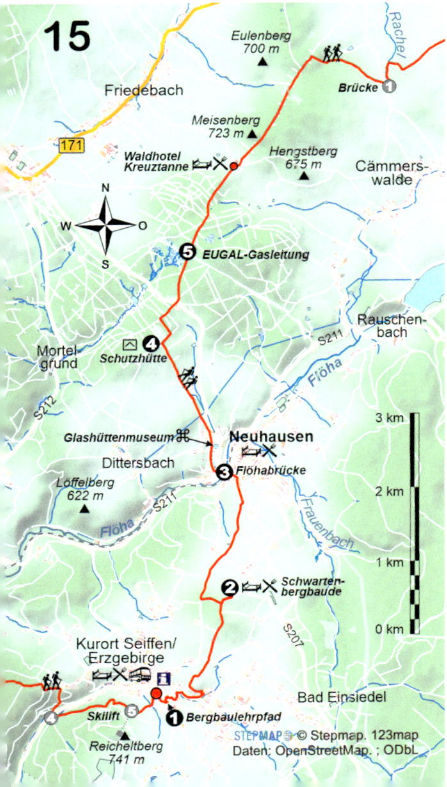

Der Kammweg führt Sie heute über den Schwartenberg und die Stadt Neuhausen zur Kreuztanne in der Nähe von Sayda. In der alten Postkutschenstation können Sie die Stille und einen wunderbaren Blick ins Erzgebirge genießen. Sofern Sie im Hotel Kreuztanne übernachten möchten, sollten Sie frühzeitig buchen.

Von der Seiffener Bergkirche wandern Sie die Deutschneudorfer Straße hinauf, bis Sie nach links zum alten Zinnbergbau und dessen Lehrpfad abbiegen ❶. In einer Schleife laufen Sie oberhalb um die Grube, in der sich heute eine Freilichtbühne befindet, herum. Auf der anderen Seite steigen Sie zum Hotel Sonne hinab und gelangen auf die Hauptstraße, der Sie rechts für 140 m folgen. Dann biegen Sie schräg links den Hang hinauf in die Alte Dorfstraße ab.

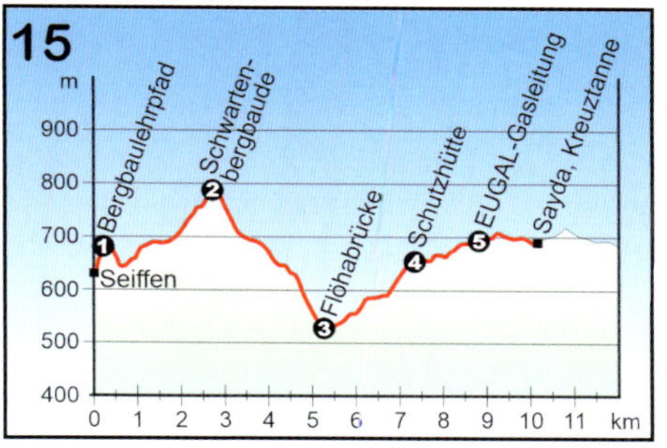

200 m weiter zweigen Sie nach links ab und steigen in einer Serpentine den Hang hinauf. Oben laufen Sie auf einem Wiesenweg in Richtung Schwartenbergbaude und haben nochmals einen schönen Blick auf das Spielzeugdorf. Bei km 1,7 kreuzen Sie eine asphaltierte Straße und wandern über 1 km und etwa 100 Höhenmeter hinauf zur Schwartenbergbaude ❷.

🛏 ✕ Berggasthaus Schwartenbergbaude, Am Schwartenberg 10, 09544 Neuhausen, ☎ 03 73 61/456 86, 💻 www.schwartenbergbaude.de, ✉ info@schwartenbergbau.de, EZ ab € 40, DZ ab € 56, inklusive Frühstück, ➲ direkt am Kammweg

Blick vom Schwartenberg

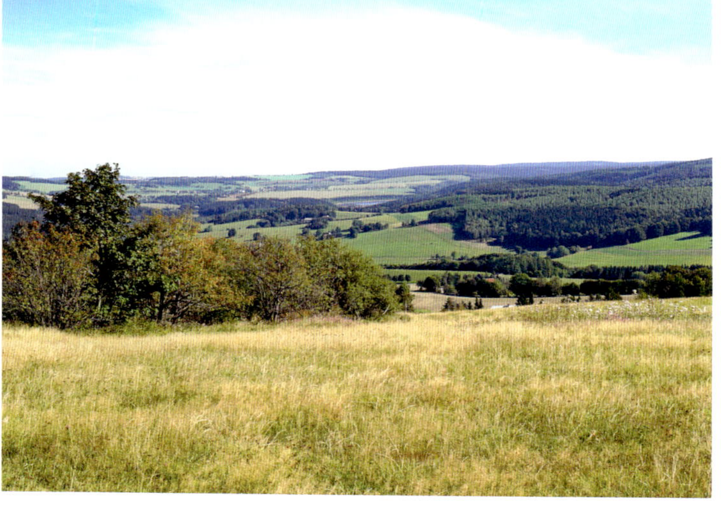

Der Name Schwartenberg leitet sich entweder aus dem Bergbau, der Schwardte, als Fundort für Erze oder dem geschlagenen Nutzholz, der Brennschwarte, ab. Fest steht, dass selbst Kaiser Joseph II. 1779 bei einer Reise durch Böhmen den Berg bestieg. Wie auf dem Fichtelberg und dem Bärenstein wurde auch hier 1869 ein sächsischer trigonometrischer Punkt errichtet. Im Juli 1927 weihte dann der Erzgebirgsverein die Bergbaude ein.

Von der Schwartenbergbaude laufen Sie 300 m den Kammweg zurück, um dann in einen Waldweg rechts abzuknicken. Unten stoßen Sie auf einen Schotterweg. Diesem folgen Sie nach rechts, überqueren eine kleine Straße, passieren einen aussichtsreichen Rastplatz und steigen einen Wiesenweg hinab zum Städtchen Neuhausen. Auf der Brüxer Straße laufen Sie hinunter zur Flöha ❸.

Neuhausen

(X) Schlosshotel Purschenstein, Purschenstein 1, 09544 Neuhausen, ☏ 03 73 61/140 80, www.purschenstein.de, info@purschenstein.de, EZ & DZ ab € 135, inklusive Frühstück, ➲ direkt am Kammweg

Pension Am Schloss, Freiberger Straße 11, 09544 Neuhausen, ☏ 03 73 61/41 11, www.neuhausen-pension.de, EZ ab € 35, DZ ab € 70, inklusive Frühstück, ➲ direkt am Kammweg

⌘ Glashüttenmuseum, Freiberger Straße 10, 09544 Neuhausen, ☏ 03 73 61/509 99, www.neuhause.de, tourismus@gemeinde-neuhausen.de, Mi-Fr 10:00-12:00 und 14:00-16:30, Sa & So 13:00-16:30, Eintritt € 3

Wahrzeichen Neuhausens ist das Schloss Purschenstein, welches heute eine Hotelanlage beherbergt. Im 12. Jahrhundert gebaut diente es als Zoll- und Geleitsburg der von Leipzig nach Prag führenden Handels- und Salzstraße. Im Dreißigjährigen Krieg und bei einem Brand 1842 wurde das Schloss zu großen Teilen zerstört, heute zeugen nur wenige Gebäudeteile von der ursprünglichen Pracht. Im Schatten der Burg und bedingt durch den Waldreichtum der Region entwickelte sich in Neuhausen Mitte des 19. Jahrhunderts eine Möbelindustrie, im Zuge dessen wurde die Gemeinde 1895 an die sächsische Erzgebirgsbahn angeschlossen. Heute wird nur noch der Bahnhof Olbernhau-Grünthal angefahren, der weitere Schienenverkehr nach Neuhausen ist hingegen eingestellt.

Das Glashüttenmuseum erinnert an die langjährige Tradition des Glasblasens in der Region. So entstanden bereits im 12. Jahrhundert nicht weit von Neuhausen, am Frauenbach, die ersten auf sächsischem Gebiet nachgewiesenen

Glashütten. Diese machten die Region von damaligen Glasimporten aus Venedig unabhängig. Der Saydaer Weg ist ein Teilabschnitt der oben erwähnten alten Salzstraße und soll bereits im 10. Jahrhundert von jüdisch-arabischen Händlern verwendet worden sein, um das Erzgebirge zu passieren.

Von der Flöhabrücke, deren erste Vorläufer bereits im 13. Jahrhundert gebaut worden sein sollen, nehmen Sie die Freiberger Straße vorbei am Schloss und dem Glashüttenmuseum, bis Sie kurz vor Ortsausgang schräg links in den Saydaer Weg abbiegen und 1,3 km den Hang hoch zur Schutzhütte laufen ❹. Vom Unterstand wandern Sie zunächst am Waldrand entlang und später durch den Wald wieder zur Freiberger Straße. Diese überqueren Sie und gehen geradeaus. Auf dem Weg entdecken Sie die Waldschneise der neuen, 480 km langen Erdgastrasse EUGAL (Europäische Gas-Anbindungsleitung), die Sachsen und die Tschechische Republik mit der Ostseeküste und der Nord-Stream-Pipeline nach Russland verbinden soll ❺.

Weiter geradeaus erreichen Sie das Waldhotel Kreuztanne.

Waldhotel Kreuztanne

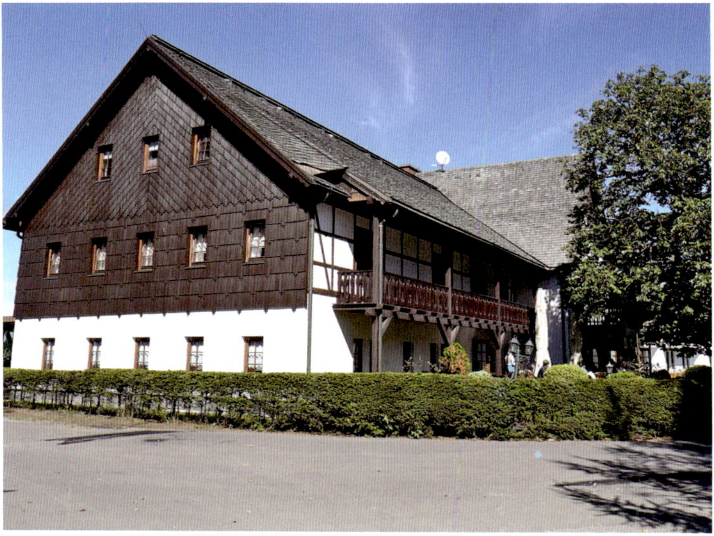

🛏 ✕ Waldhotel Kreuztanne, Kreuztannenstraße 10, 09619 Friedebach, ☏ 03 73 65/17 60, 💻 www.kreuztanne.de, ✉ info@kreuztanne.de, EZ ab € 60, DZ ab € 90, inklusive Frühstück, ➲ direkt am Kammweg, ⊙

Das Waldhotel Kreuztanne verdankt seine Existenz einem Haltepunkt von Postkutschen, der im Juli 1824 eröffnet wurde und an einer Kreuzung zweier Postwege entstand. Mit der Aufnahme des Bahnverkehrs wurde der Postverkehr eingestellt und das Gasthaus in ein Schullandheim umgewandelt. Nach dem Zweiten Weltkrieg fanden ostdeutsche Flüchtlinge hier Unterbringung. Der nahe gelegene Ort Sayda ist die älteste Siedlung der Region und wurde bereits im 12. Jahrhundert schriftlich erwähnt. Das Gebirgsdorf ist durch lange Winter und trockene Sommer geprägt. Der Wassermangel war oft so stark, dass in manchen Sommern sogar Wachen am Brunnen aufgestellt werden mussten.

16. Etappe: Kreuztanne (bei Sayda) – Holzhau

➲ 12,2 km, ⌛ 4 Std., ↑ 397 m, ↓ 336 m, ⇧ 560-756 m

0,0 km	⇧ 691 m	Kreuztanne (bei Sayda) 🛏 ✕
3,0 km	⇧ 657 m	Rachelbrücke
4,9 km	⇧ 659 m	Clausnitz, Dorfstraße
6,3 km	⇧ 643 m	Waldeck
8,7 km	⇧ 563 m	Rechenberg-Bienenmühle, Bahnbrücke 🚆 ⌘
10,7 km	⇧ 731 m	Funkmast, Skilift Holzhau
12,2 km	⇧ 756 m	Oberdorf von Holzhau 🛏 ✕ 🚆

Der Kammweg führt Sie heute in Abschnitten auf einer alten Poststraße nach Clausnitz und Rechenberg. Bevor Sie weiter nach Oberdorf von Holzhau gelangen, müssen Sie einen steilen Aufstieg zu den Skihängen des Zielortes bewältigen.

Von dem Hotel Kreuztanne wandern Sie die alte Poststraße (Waldschotterweg) in Richtung Clausnitz und biegen nach 1,8 km rechts in einen Waldpfad ab, der Sie in einen Nadel- und Ebereschenwald leitet. 600 m später gelangen Sie auf eine Lichtung und laufen den Wiesenweg hinunter zur Straße und zur Rachelbrücke ❶.

Über die Brücke führte der alte Weg von Sayda nach Rechenberg. Den Floßgraben benutzte man, um Brennholz für die Schmelzöfen nach Freiberg zu schaffen.

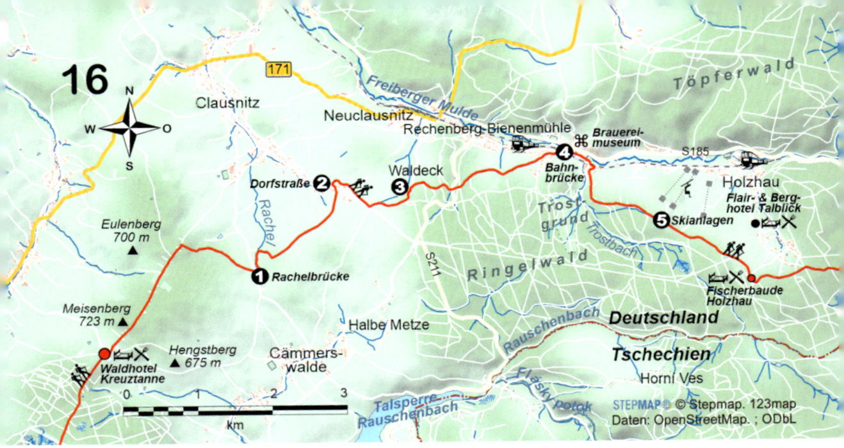

Auf der anderen Seite des Grabens laufen Sie bergab, bis Sie auf einen Weg mit Betonplatten stoßen. Hier wandern Sie rechts den Hang hinauf und gelangen 1,5 km später zur Dorfstraße in Clausnitz und einer Bushaltestelle ❷.

Die Besiedelung von Clausnitz fand um das Jahr 1200 aus Franken statt. Bis Anfang des 17. Jahrhunderts wurden hier Kupfererze abgebaut und in zwei Pochwerken und einer Schmelzhütte weiterverarbeitet oder an die Saigerhütte in Olbernhau geliefert.

Auf der anderen Seite der Dorfstraße (links versetzt) steigen Sie kurz den Hang hinauf, um dann in einem Bogen nach rechts parallel zur Straße zu laufen. Auf diese treffen Sie 700 m später, folgen ihr ein Stück und biegen dann links in einen asphaltierten Weg nach Waldeck ab ❸.

Hinter der Ansiedlung wandern Sie einen Pfad rechts in den Wald hinauf und erreichen 150 m später eine Lichtung. Bei km 7 überqueren Sie die Straße nach Neuclausitz und gelangen 1,7 km weiter an die Bahnbrücke von Rechenberg-Bienenmühle ❹, die Sie unterqueren.

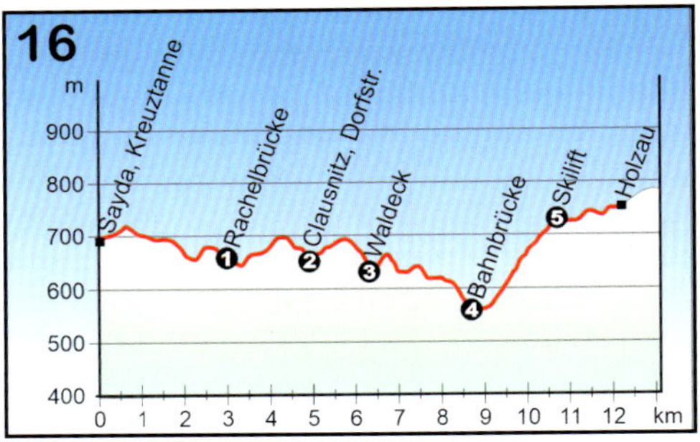

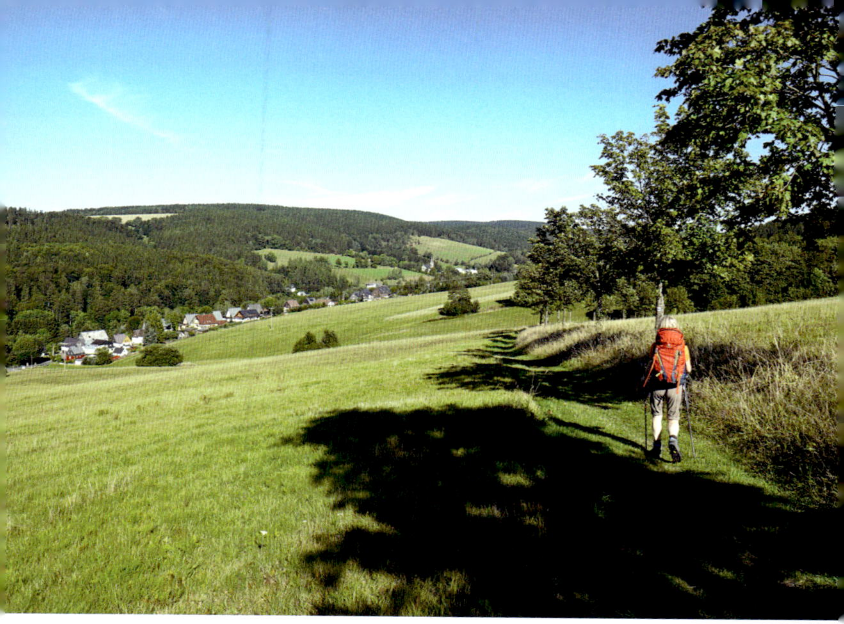

Weg nach Rechenberg-Bienenmühle

Rechenberg-Bienenmühle

⌘ Sächsisches Brauereimuseum Rechenberg, An der Schanze 3, 09623 Rechenberg-Bienenmühle, ☏ 03 73 27/880 15, 💻 www.rechenberger.com, info@brauerei-rechenberg.de, Führungen Di-Fr um 11:00 und 14:00, Sa & So um 11:00, 13:00 und 15:00. Für die Führung sollten Sie 2 Stunden einplanen.

Alle 2 Stunden fährt ein Zug nach Freiberg.

Der Name Rechenberg leitet sich von der gleichnamigen Burg ab, die oberhalb des Ortes thronte. In der Museumsbrauerei können Sie die 450-jährige Tradition des Bierbrauens in der Gemeinde bewundern.

Sie folgen 500 m der Bahnlinie, unterqueren sie erneut und wandern dann auf der Alten Landstraße den Berg hinauf. Nun folgt ein 1,5 km langer, steiler Anstieg von 250 Höhenmetern zum Funkmast oberhalb Rechenbergs und den Skianlagen von Holzhau ❺.

Von dort laufen Sie am Waldrand 1,5 km zum Oberdorf von Holzhau.

Holzhau

Fischerbaude Holzhau, Ringelstraße 4, 09623 Holzhau, ☏ 03 73 27/74 04, www.fischerbaude.de, info@fischerbaude.de, EZ ab € 43, DZ ab € 70, inklusive Frühstück, ➲ direkt am Kammweg, ⊙

♦ Flair- & Berghotel Talblick, Alte Straße 144, 09623 Holzhau, ☏ 03 73 27/ 83 82 90, 01 73/394 34 21, www.talblick.de, berghotel@talblick.de, EZ ab € 72, DZ ab € 110, inklusive Frühstück, ➲ 300 m vor Etappenende führt ein Wiesenpfad 600 m ins Tal und zum Hotel

Alle 2 Stunden fährt ein Zug nach Freiberg (Bahnhof liegt im Tal).

Holzhau

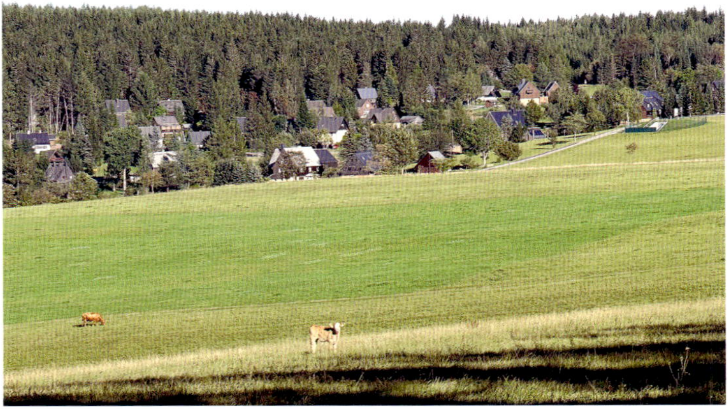

Holzhau ist, wie der Name verrät, ein fast 500 Jahre altes Holzfällerdorf, welches den aufstrebenden Bergbau in Freiberg mit Brennholz versorgte. Unter heute kaum vorstellbaren Bedingungen lebten hier Waldarbeiter, Köhler, Flößer, Fuhrleute und Pflanzenfrauen. Der Tourismus entwickelte sich erst Anfang des 20. Jahrhunderts, als die Eisenbahnstrecke von Freiberg nach Moldau – auf der heute tschechischen Seite des Erzgebirges – in Betrieb genommen wurde.

17. Etappe: Holzhau – Geising

24,4 km, 8 Std. 30 Min., ↑ 584 m, ↓ 754 m, ⇧ 583-905 m

0,0 km	⇧ 756 m	Oberdorf von Holzhau
2,5 km	⇧ 658 m	Teichhaus
6,0 km	⇧ 730 m	SWF Sporthotel
8,2 km	⇧ 791 m	Aroniacafé ()
10,4 km	⇧ 698 m	Rehefeld-Zaunhaus, Grenzweg
13,3 km	⇧ 792 m	Wüster Teich
15,7 km	⇧ 905 m	Kahlenberg ()
19,4 km	⇧ 739 m	Altenberg, Bahnhof BANK
21,9 km	⇧ 820 m	Geisingberg
24,4 km	⇧ 583 m	Geising, Bahnhof BANK

Auf der letzten Etappe des Kammweges erreichen Sie immer parallel zur deutsch-tschechischen Grenze die Bergbaustädtchen Altenberg und Geising. Auf dem Kahlenberg können Sie nochmals einen weiten Ausblick nach Dresden sowie ins Elbsandstein- und Riesengebirge genießen.

Vom Oberdorf von Holzhau laufen Sie 150 m zur Gaststätte und Pension Fischerbaude, welche seit 1901 besteht und deren Besitzer diese in vierter Generation führen. Hinter der Baude biegt der Kammweg links in den Wald und leitet Sie 1 km weiter in das Tal der Freiberger Mulde. Bei km 2,2 stoßen Sie auf eine Forststraße, der Sie 100 m nach links folgen, um dann rechts in einen Loipen- und Waldweg abzubiegen. Über diesen erreichen Sie 200 m später die kleine Siedlung Teichhaus ❶.

Gartenzaun in Teichhaus

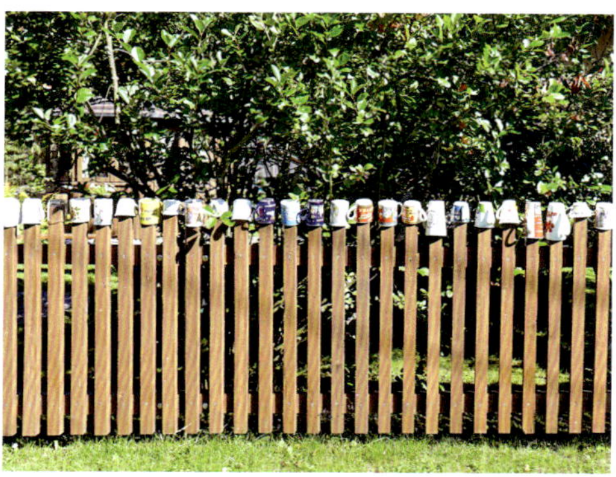

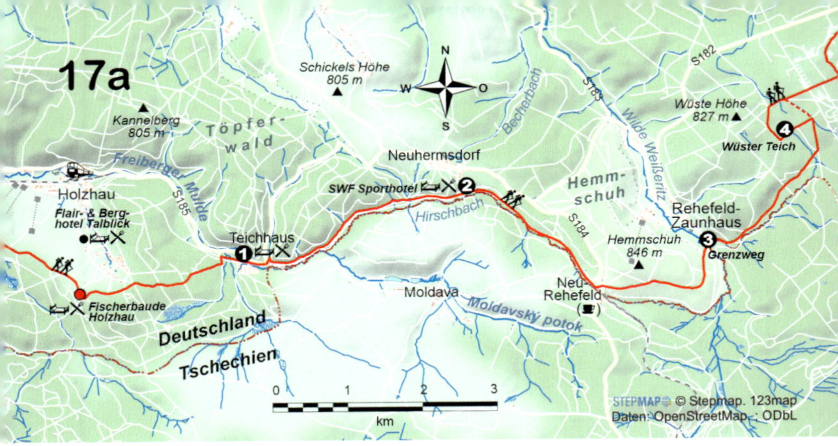

Teichhaus

Waldgasthof und Pension Teichhaus, Teichhaus 5, 09623 Holzhau,
03 73 27/83 31 12, www.teichhaus-holzhau.de, info@teichhaus.net,
EZ ab € 49, DZ ab € 89, inklusive Frühstück, direkt am Kammweg,

Immer parallel zur deutsch-tschechischen Grenze laufen Sie nun in der Freiberger Mulde, über die früher Holz geflößt wurde, mal auf der ehemaligen Bahntrasse, mal leicht oberhalb zum SWF Sporthotel ❷.

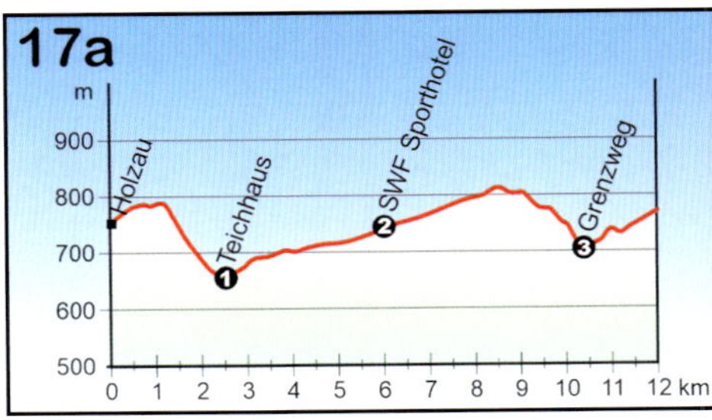

SWF Sporthotel Alter Bahnhof, Bahnhofstraße 7, 01776 Neuhermsdorf,
03 50 57/545 90, www.swf-sporthotel.de, info@swf-sporthotel.de, EZ ab € 38, DZ ab € 64 (+ € 7 Einzelnachtzuschlag), inklusive Frühstück, direkt am Kammweg. Das Hotel empfängt Sie mit einem Hochzeitsweg, an dessen Rändern glückliche Brautpaare vor Jahren ihr Hochzeitsbäumchen pflanzten. Hoffen wir, dass die Ehen besser gehalten haben, als einige ihrer Setzlinge es vermuten lassen. Das Hotel war früher das Bahnhofsgebäude von Hermsdorf-Rehefeld, welches im Mai 1885 eingeweiht und bis 1972 betrieben wurde. Mit 739 m über NN war die ehemalige Station eine der höchstgelegenen Schmalspurbahnhöfe Sachsens.

Vom Hotel wandern Sie 2,4 km auf der alten Bahntrasse entlang zu einer kleinen Grenzsiedlung, die zur Gemeinde Rehefeld-Zaunhaus gehört. Hinter einem Café erklimmen Sie eine Böschung und überqueren die Grenzstraße nach Tschechien.

(☕) Aroniacafé, Grenzstraße 7, 01773 Neurehefeld, ☎ 03 50 57/503 86, 💻 www.aroniacafe.de, ✉ buchung@fewo-rasehorn.de, 🚪 Fr-So 11:00-17:00

Auf der anderen Seite der Grenzstraße laufen Sie in den Wald Richtung Altenberg und erreichen 2 km später Rehefeld-Zaunhaus ❸.

Im 16. Jahrhundert wurden in dem Wiesental eine Mühle und ein Jagdhaus des Kurfürsten Moritz von Sachsen errichtet. Der Name Zaunhaus leitet sich von der Unterkunft des Zaunknechts ab, welcher die Aufgabe hatte, den Zaun um das Jagdrevier instand zu halten.

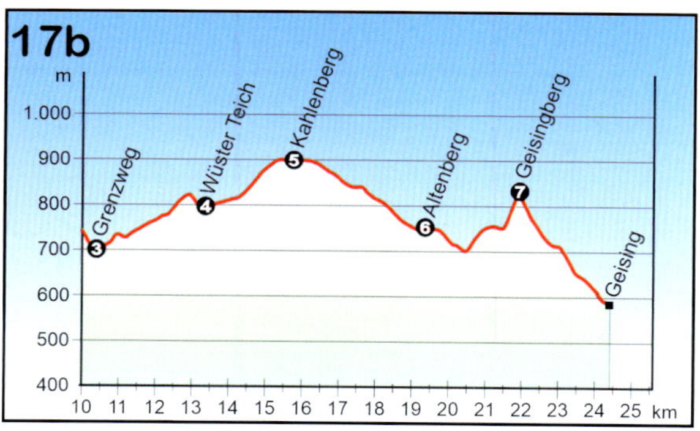

Vom Zaunhaus biegen Sie rechts in einen Schotterweg ab, der zunächst am Großen Warmbach parallel zur deutsch-tschechischen Grenze langsam den Berg hinaufführt. Bei km 12,5 stoßen Sie auf einen Forstweg, dem Sie links Richtung Kahlenberg folgen. Um den Wüsten Teich zu besuchen, biegen Sie 400 m später links ab und erreichen diesen nach 300 m ❹. Wie der Lehmheider Teich in Rübenau ist auch der Wüste Teich ein sogenannter Floßteich, der im 16. Jahrhundert zur Regulierung des Wasserstandes und dem Abtransport von Bäumen durch den Großen Warmbach angelegt wurde.

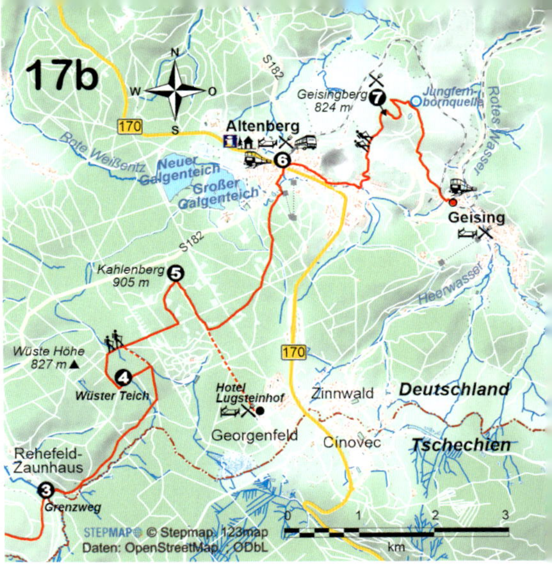

↳ Abkürzend können Sie dem Forstweg 400 m weiter folgen und gelangen an einer Kreuzung wieder auf den Kammweg, auf den Sie nach rechts einbiegen.

Vom Wüsten Teich wandern Sie in einer Schleife über drei Kreuzungen, an denen Sie sich jeweils rechts halten, zurück zum früheren Weg. Auf beiden Varianten gelangen zu einer asphaltierten Forststraße. Bei km 15 biegen Sie von dieser auf einen schmalen Waldpfad zum Kahlenberg ab, den Sie nach 700 m erreichen ❺.

Der Kahlenberg ist der dritthöchste Berg im Osterzgebirge und wie der Fichtelberg ein königlich-sächsischer Triangulationspunkt erster Ordnung. Den Namen „Kahl" erhielt die Erhebung, als sie mit dem einsetzenden Zinnbergbau in Altenberg im 15. Jahrhundert komplett abgeholzt wurde. Das Holz wurde als Grubenholz und als Holzkohle zur Erzverhüttung verwendet. Bei guter Sicht reicht der Blick von Altenberg bis nach Dresden und zur 142 km entfernten Schneekoppe im Riesengebirge. Wenn Sie Glück haben, ist der kleine Imbiss offen.

Vom Kahlenberggebäude wandern Sie über eine asphaltierte Forststraße hinweg in Richtung Hotel Lugsteinhof, biegen aber nach 800 m an einer Kreuzung links Richtung Altenberg ab.

↳ Wenn Sie an der oben beschrieben Wegkreuzung 1,2 km geradeaus laufen, kommen Sie zum Hotel.

🛏 ✕ Hotel Lugsteinhof, Neugeorgenfeld 36, 01773 Altenberg, ☏ 03 50 56/36 50, 💻 www.lugsteinhof.de, ✉ info@lugsteinhof.de, EZ ab € 63, DZ ab € 77, inklusive Frühstück, ➲ 1,2 km vom Kammweg, ⊙

Dem Weg folgen Sie, bis Sie 2,4 km später auf eine Sommerrodelbahn treffen.

Der E3 mit ähnlicher Markierung zweigt auf dem Weg rechts ab, während der Kammweg geradeaus führt.

Von der Rodelbahn laufen Sie links den Hang hinunter und kommen an den Walkenteich und den Quergraben. Ab hier gehen Sie parallel zur Rehefelder Straße auf einem gewundenen Schotterpfad zum Bahnhof von Altenberg ❻.

Altenberg

Touristen-Information Altenberg, Am Bahnhof 1, 01773 Altenberg, ☏ 03 50 56/239 93, www.altenberg.de, info@altenberg-urlaub.de, Mo-Fr 10:00-12:00 und 13:00-15:00, Sa & So 10:00-14:00, ⊙

Hotel Schützenhaus Lindenhof, Dresdner Straße 25, 01773 Altenberg, ☏ 03 50 56/34 70, www.lindenhof-altenberg.de, Hotel.Lindenhof@gmx.net, EZ ab € 35, DZ ab € 57, inklusive Frühstück, ➲ nehmen Sie vom Bahnhof die Dresdner Straße 200 m nordwestlich stadtauswärts.

♦ Pension & Gaststube, Kutscherstube, Uferweg 6, 01773 Altenberg, ☏ 03 50 56/342 74, www.kutscherstube-altenberg.de, pensionwolf@t-online.de, EZ ab € 30, DZ ab € 50, inklusive Frühstück, ➲ gehen Sie vom Bahnhof die Dresdner Straße 400 m südöstlich Richtung Zinnwald.

Jugendherberge Altenberg, Dresdner Straße 76, 01773 Altenberg, ☏ 03 50 56/323 18, www.jugendherberge-altenberg.de, jugendherbergealtenberg@t-online.de, Übernachtung pro Person ab € 23, inklusive Frühstück, ➲ nehmen Sie vom Bahnhof die Dresdner Straße 1,4 km nordwestlich stadtauswärts.

⌘ Bergbaumuseum Altenberg, Mühlenstraße 2, 01773 Altenberg, ☏ 03 50 56/317 03, www.bergbaumuseum-altenberg.de, museum-altenberg@freenet.de, Sa-Do 10:00-16:00, Eintritt € 4 (Museum & Schaustollen € 7), ➲ direkt am Kammweg, ⊙

Stündlich besteht eine Verbindung nach Heidenau und von dort weiter nach Dresden.

Stündlich fährt ein Bus zum Hauptbahnhof in Dresden.

Die Stadt Altenberg ist vom Zinnbergbau geprägt. Schon aus dem 12. Jahrhundert ist der Abbau in einzelnen Lagerstätten auf dem Gemeindegebiet nachgewiesen. Im 15. Jahrhundert war Altenberg bereits die wichtigste Bergstadt im Osterzgebirge und erhielt das Stadt- und Marktrecht.

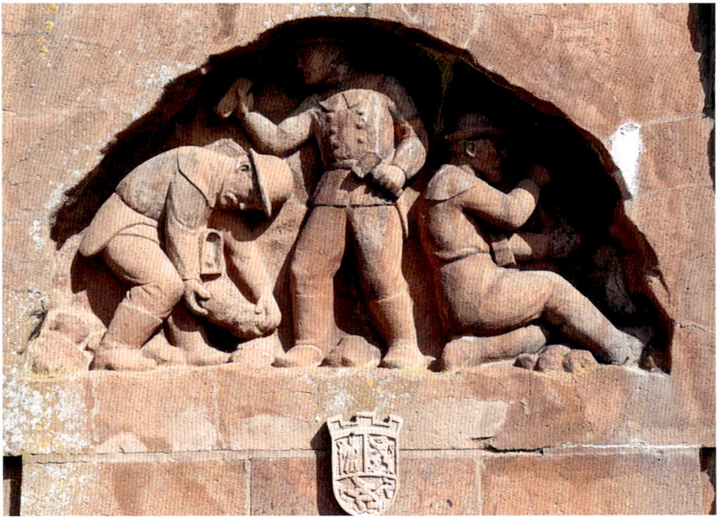

Erinnerung an die Bergbautradition in Altenberg

Bis in die 90er-Jahre des 20. Jahrhunderts wurde in der Altenberger Pinge, die Teil des UNESCO-Weltkulturerbes Montanregion Erzgebirge ist, Zinn abgebaut. Heute erinnert das Bergbaumuseum an diese Tradition.

Vom Bahnhof laufen Sie die Dippoldiswalder- und die Rathausstraße, vorbei an der alten Kirchmauer, abwärts. Kurz bevor Sie auf die Dresdner Straße stoßen, biegen Sie nach links in die Römerstraße und vor einem Schrotthändler mit skurrilen Figuren und Fahrzeugen auf einen Fußweg ab, der Sie zur Mühlenstraße führt. Linker Hand sehen Sie das Museum. Am Museum steigen Sie die kleine Treppe hinauf und wandern in Serpentinen die Bergarbeitersiedlungsstraße aufwärts, bis Sie bei km 21 nach rechts in einen Feld- und Waldweg zum Geisingberg abbiegen ❼.

Nachdem man auf dem Berg kein Zinn fand, wurde das abgebaut, woraus die Anhöhe besteht: Basalt. Zu Beginn des 19. Jahrhunderts entstanden einige Ausflugspavillons auf dem Gipfel und 1891 der Luisenturm. Selbst Alexander von Humboldt besuchte den Berg und führte Höhenmessungen durch.

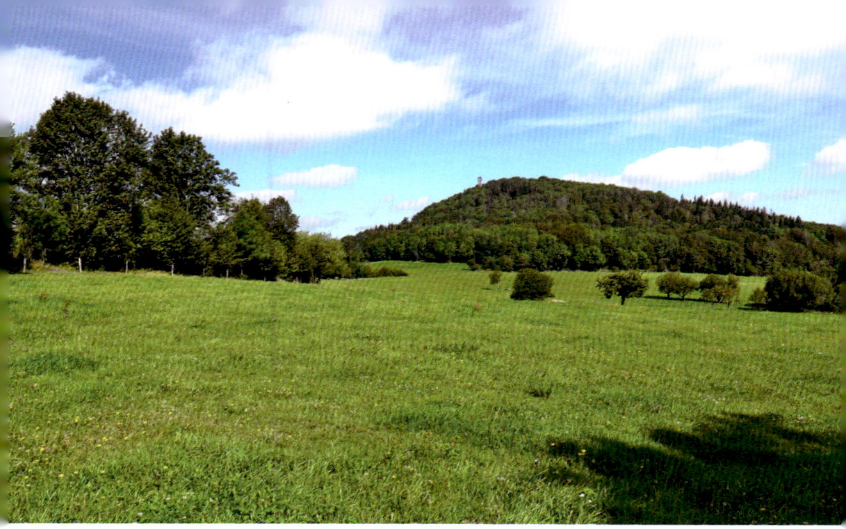

Geisingberg

Anfang des 20. Jahrhunderts kamen die sogenannte Sachsen-Skiabfahrt und eine Sprungschanze hinzu, auf denen 1937 die deutsche Skimeisterschaft stattfand. Heute bewirtet Sie hier – außer mittwochs und donnerstags – die Bergbaude.

✕ Bergbaude Geisingberg, ☏ 03 50 56/355 55, 📱 01 73/282 13 07, 💻 www.geisingberg.de, ✉ marco@geisingberg.de, 🚪 10:00-16:00, Mi & Do Ruhetag

Nun wandern Sie auf der Ostseite des Berges in Serpentinen hinunter nach Geising. Bei km 22,7 entdecken Sie die Jungfernbornquelle.

Der Sage nach besteht das Wasser aus den Tränen der grünen Frau vom Geisingberg. Ein Ziegenhirte soll demnach bei der Suche nach einem entlaufenen Tier eine weiße Lilie gepflückt haben, woraufhin ihm die grüne Frau erschien.

Mithilfe der Lilie ließ sich der Berg und eine Schatzkammer öffnen. Da sprach die grüne Frau zum Hirten: „Das alles ist Dein! Komme wieder und hole Dir die Schätze. Vergiss aber das Beste nicht!" Um einen Wagen zu holen, lief der Hirte aus dem Berg, vergaß aber dabei, die weiße Lilie – das Beste – mitzunehmen. Da verschloss sich der Berg wieder und die grüne Frau weinte im Inneren: „Nun muss ich wieder hundert Jahre auf meine Erlösung warten."

Von der Quelle wandern Sie im Wald und über einige Wiesen hinab nach Geising und dessen Bahnhof.

Geising

Ratskeller Geising, Hauptstraße 31, 01778 Geising, ☏ 03 50 56/23 50 60, www.ratskeller-geising.de, post@ratskeller-geising.de, EZ ab € 46, DZ ab € 76, inklusive Frühstück, ➲ 400 m vom Kammweg entfernt, laufen Sie vom Bahnhofsplatz hinunter zur Hauptstraße und unterqueren Sie die Bahnlinie.

Es besteht stündlich eine Verbindung nach Heidenau und von dort weiter nach Dresden.

Auch Geising verdankt seine Entwicklung dem Bergbau. So wurden hier ab dem 15. Jahrhundert in Schmelzhütten Zinn gegossen. Die Hütten nannte man Geussen, was sich aus „geussig" (= „flüssig") ableitet. So verwundert es nicht, dass der alte Ortsname Geysik war. Mit der Inbetriebnahme der Müglitztalbahn zwischen Heidenau und Altenberg im Jahr 1890 entwickelte sich auch der Tourismus in der Gemeinde.

Wie geht es weiter?

Sofern Sie Ihre Tour zum Elbsandsteingebirge und Riesengebirge fortsetzen möchten, bietet sich der europäische Fernwanderweg E3 an, der zusammen mit dem EB-Wanderweg (Eisenach – Budapest) über Königstein nach Schmilka an der tschechischen Grenze führt.

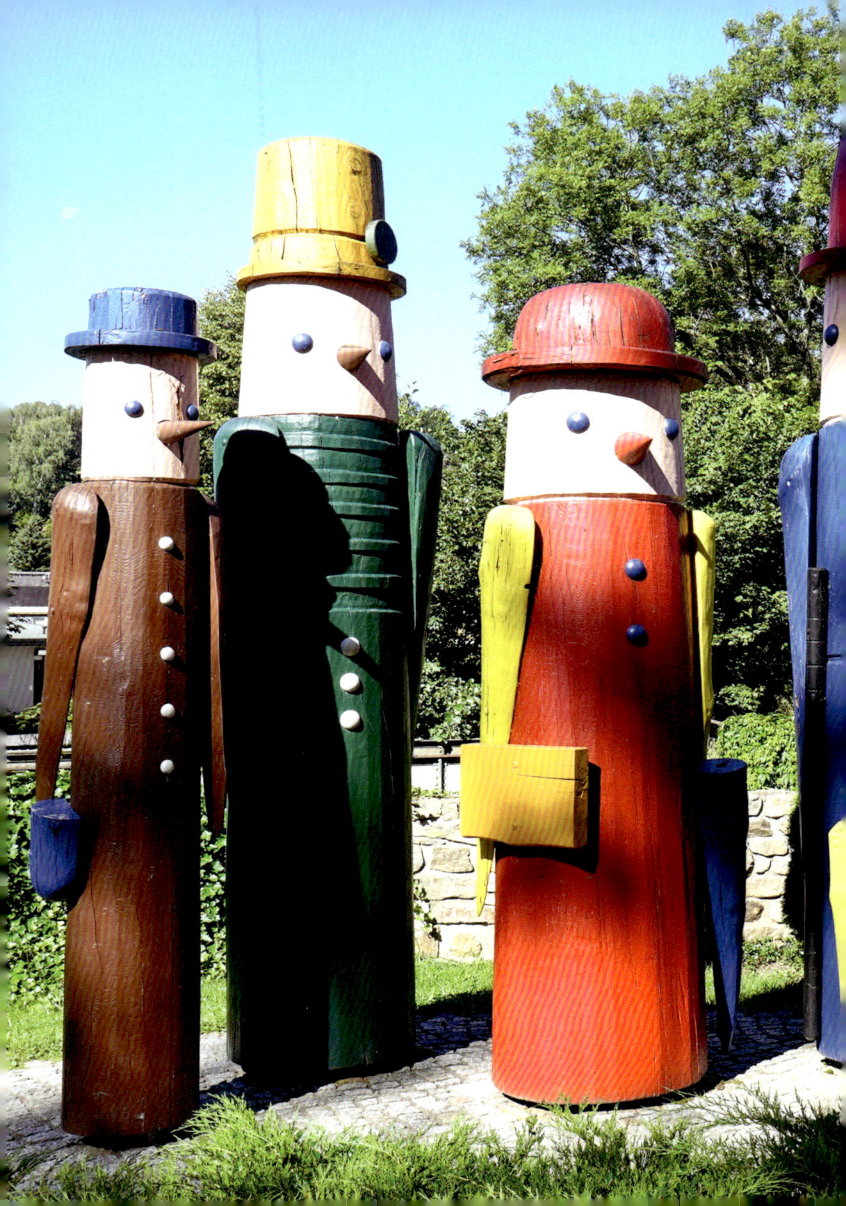

Index

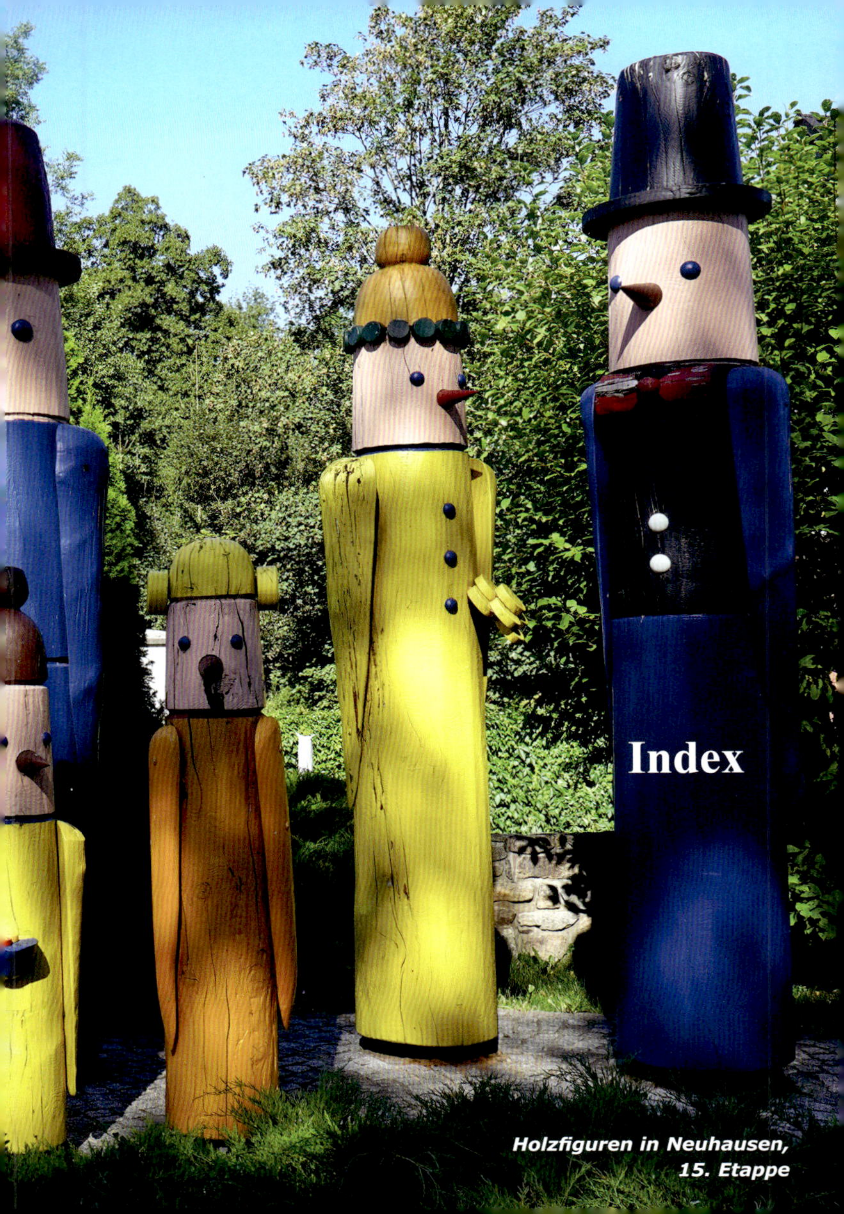

Holzfiguren in Neuhausen, 15. Etappe

A

B

C/D

E

F

G

H

J

K

L

M/N

O

P

R

S

T

U

V

W

Z

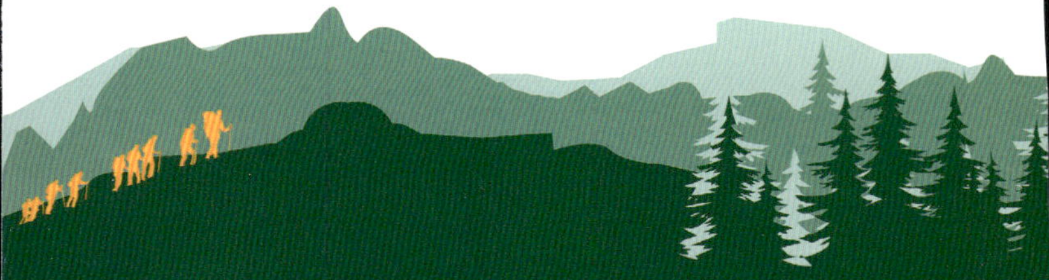